GROSSER BILDFÜHRER DURCH DIE
ÄGYPTISCHE MYTHOLOGIE

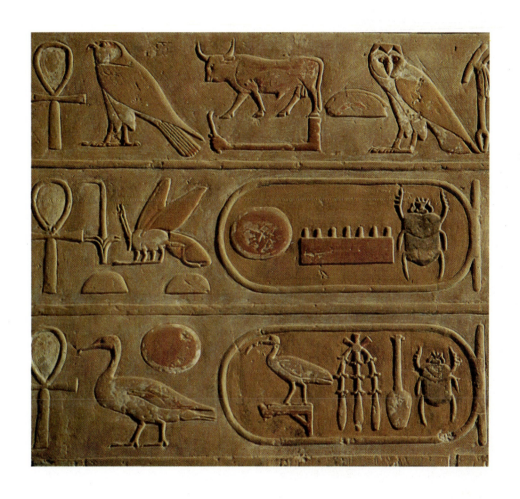

GROSSER BILDFÜHRER DURCH DIE
ÄGYPTISCHE MYTHOLOGIE

LEWIS SPENCE

Einführung von
JAMES PUTNAM

GREMESE

Titelbild: Licht- und Schattenspiel
bei Philae.

Unter der Herrschafft der Ptolemäer
begonnen und unter den Römern
vollendet, stellte der Tempelkomplex
auf der Insel Philae in Oberägypten
eines der großen späten Zentren des
Isis- und Osiriskults dar.

Seite 1: In Relief gearbeitete
Hieroglyphen. Die ovalen Formen
(Kartuschen) enthalten für gewöhnlich
Namen.

Seite 4: Oben: Panorama des modernen
Kairo mit den Pyramiden von Cheops
(Chufu) und Chefren im Hintergrund.
Die moderne Großstadt hat sich bis hin
zu vielen Sehenswürdigkeiten von
historischer und mythologischer
Bedeutung ausgedehnt, einschließlich
Giza, Memphis und Heliopolis.

Originaltitel: The Illustrated Guide to Egyptian Mythologie
Copyright © 1996 Studio Editions, London

Übersetzung aus dem Englischen: Angelika Bartholomäi, Gabriele Horvath

Umschlagfoto: Der Thron des Tutanchamun, Pharao der 18. Dynastie,
Nationalmuseum Kairo, Spectrum Colour Library

Ikonographische Recherchen: Julia Hanson

Bildunterschriften und Redaktion: Simon Hall

Graphik: Rachel Griffin, Ray Shell Design

Fotosatz: GraficArte Severini – Spoleto (PG)

Druck: Conti Tipocolor – Calenzano (FI)

Copyright 1998 Gremese Editore s.r.l.
Via Virginia Agnelli, 88 – 00151 Roma – Fax 39/06/65740509
E-mail: gremese@gremese.com
Internet: www.gremese.com

ISBN 88-7301-307-4

INHALT

EINLEITUNG

von James Putnam

Ägypten hat eine der ältesten Zivilisationen der Welt. Bereits vor fünftausend Jahren hatte sie eine Schrift, große Städte, beeindruckende Monumente und eine starke, zentralisierte Monarchie unter dem Pharao entwickelt. Wie langlebig ihre Kultur war, wird deutlich, wenn man sich klarmacht, daß zwischen dem Bau der Pyramiden und der Herrschaft der Königin Kleopatra zweieinhalbtausend Jahre lagen. Für Tutanchamun, dessen kurze Regierungszeit etwa in die Mitte der gesamten Periode fällt, waren die Pyramiden bereits "antik"! Diese außergewöhnliche Zivilisation war jedoch nicht einfach aus dem Nichts in das Niltal gekommen; sie brauchte Zeit, um sich zu entwickeln, und sie hatte ihre eigene Steinzeit, die wunderschöne Töpfereien und Feuersteine hervorgebracht hat. Diese späte neolithische Zeit in Ägypten, die bis auf 5000 vor Christus zurückgeht, wird prädynastisch genannt, in Anlehnung an das pharaonische Ägypten mit seinen Königsdynastien. Die Ägyptologen sind übereingekommen, diesen Teil der Geschichte in dreißig Dynastien zu unterteilen, nach einem von Manetho, einem ägyptischen Priester der hellenistischen Zeit, um etwa 300 v. Chr. entwickelten System. Es empfiehlt sich zudem, die lange Geschichte in drei große Zeitabschnitte zu unterteilen, die als Altes Reich (etwa 2613-2160 v. Chr.), Mittleres Reich (etwa 2040-1750 v. Chr.) und Neues Reich (etwa 1550-1086 v. Chr.) bezeichnet werden. Zwischen diesen Reichen gab es längere Zeitabschnitte, die Zwischenzeiten genannt werden, in denen die Regierung schwach war, Bürgerkriege wüteten oder fremde Invasoren über Ägypten herrschten. Die Ägypter selbst hielten die Namen ihrer Könige sowie die Dauer und die Reihenfolge ihrer Herrschaft fest. Zwei wichtige Texte, die die Zeit überdauert haben, sind das Turin Royal Papyrus und die British Museum Stone King List. Sie hielten auch größere astrologische Ereignisse fest, so daß wir in der Lage sind, recht exakt die ägyptische Chronologie nachzuvollziehen und zu datieren.

Umweltbedingungen und vor allem die Abhängigkeit der Landwirtschaft vom Nil waren für Ägyptens Entwicklung zu einer Hochkultur fundamental. Der altgriechische Historiker Herodot bezeichnet Ägypten zutreffenderweise als "Geschenk des Nils", ohne den das Land weitgehend Wüstengebiet wäre. Der Nil ist mit 6670 km Gesamtlänge der längste Fluß der Welt. Nur an seinen Ufern konnte ein Staat überleben, in dem fast keine Niederschläge zu verzeichnen sind. Die alten Ägypter nannten ihr Land Kemet, "das schwarze Land", aufgrund des fruchtbaren, schwarzen

Ein Granitkoloss von Ramses II., dem mächtigsten der ägyptischen Pharaonen des Neuen Reiches, bei Karnak; vor ihm steht die Figur einer Königin, möglicherweise seiner Tochter.

Kunstvolle Innenausstattung im Grab des Tutanchamun, 1922 im Tal der Könige bei Luxor entdeckt.

Schlammes, den der Nil nach den jährlichen Überschwemmungen an seinen Ufern hinterließ. Grund waren die erhöhten Regenfälle im entfernten Hochland von Äthiopien. Sorgfältige Bewässerung ermöglichte es den Ägyptern, große Mengen an Getreide zu produzieren; fiel das Hochwasser jedoch aus, herrschten fürchterliche Hungersnöte. Eine landesweite Organisation der Vorräte war darum vonnöten; die Getreidevorräte sollten den Hungersnöten vorbeugen, und es gab ein strenges landesweites Leistungs- und Abgabensystem. Während des Hochwassers stand eine große Anzahl von landwirtschaftlichen Arbeitern, die in dieser Zeit nicht auf den Feldern arbeiten konnten, zur Instandhaltung der Bewässerungsgräben und für große Bauvorhaben, wie die Pyramiden und die Tempel, zur Verfügung.

Die Ägypter nannten die Wüste Deschret "das rote Land", und der Kontrast zu dem fruchtbaren "schwarzen Land" symbolisierte treffend das

Nebeneinander von Leben und Tod. In der Natur sahen sie den ständigen Kreislauf von Leben, Tod und Geburt, der untrennbar mit ihrem religiösen Glauben verbunden war, widergespiegelt.

Das Land zerfällt in Unterägypten, die fruchtbare Deltaregion nördlich der antiken Hauptstadt Memphis, nahe dem modernen Kairo, und Oberägypten, den südlichen Teil des Landes, der sich das Niltal entlang bis Assuan erstreckt. Man nahm gemeinhin an, daß die Geschichte des dynastischen Ägyptens mit der Eroberung des Nordens durch den südägyptischen König Menes begann, der sich selbst zum König eines geeinten Ägyptens machte. Heute vertreten Ägyptologen eher die Auffassung, daß die Reichseinigung nicht auf eine einzige Schlacht, sondern vielmehr auf einen mehr als zwei Jahrhunderte dauernden Prozeß zurückzuführen ist. Eine berühmte noch erhaltene Zeremonialpalette beschreibt möglicherweise eben einen solchen Triumph des Königs Narmer über einen Feind aus dem Norden. Auf der einen Seite erscheint er mit der weißen Krone Oberägyptens, und auf der anderen sehen wir ihn mit der roten Krone des unterägyptischen Königs, dessen Herrschaft sich noch über das Delta hinaus erstreckte. Jeder nachfolgende Pharao trug den Titel "König von Ober- und Unterägypten". Er wurde auch "Sohn des Re", des Sonnengottes, genannt und von seinen Untertanen sowohl als Gott als auch als König betrachtet, und insofern war er auch die Arbeit an übermenschlichen Bauwerken wert.

Im alten Reich begann die Etablierung eines mächtigen Staates, und

Ernten hängen im fast niederschlagslosen Ägypten seit jeher von der Bewässerung ab. Hier fördert eine traditionelle, viehbetriebene Pumpe Nilwasser.

Eine Darstellung des Pharaos Narmer, der als Reichseiniger von Ober- und Unterägypten zu Beginn des Alten Reiches gilt, wie er einen Kriegsgefanghinrichtet. Original im Britischen Museum.

um 2680 v. Chr. entwarf der Architekt Imhotep die Stufenpyramide bei Saqqara als Grabmal für seinen König, den Pharao Djoser. Sie gilt als das älteste Steingebäude derartiger Ausmaße der Welt. Ungefähr hundert Jahre später wurden die Könige in "richtigen" Pyramiden beerdigt, und die drei von Giza, für Cheops, Chefren und Mykerinos (Menkaurê) erbaut, stellen den Gipfel baumeisterlicher Vollendung dar. Sie sind die einzigen der sieben Weltwunder der Antike, die noch stehen, und mit 146 Metern Höhe war die große Pyramide das höchste Gebäude der Welt, bevor 1889 der Eiffelturm erbaut wurde. Gegen Ende des alten Reiches wurden die Pyramiden kleiner und ihre Bauweise war weniger komplex. Ägypten selbst näherte sich bereits dem Verfall und erholte sich erst wieder mit der Herrschaft von König Mentuhotep I. über das nun wiedervereinigte Königreich etwa im Jahre 2000 v. Chr. Er verstärkte Ägyptens Grenzen, befriedete das Land durch militärische Aktivitäten und brachte es zu neuem Wohlstand. Aber auch dieses Zeitalter der Ordnung endete, nachdem das Land von Eindringlingen aus dem Osten, den Hyksos, überrannt wurde. Die Hyksos gründeten selbst eigene Königsdynastien. Sie brachten viele neue Ideen und technische Neuerungen, besonders Pferd und Wagen, nach Ägypten.

Das neue Reich wird generell als Ägyptens goldenes Zeitalter betrachtet, vor allem die 18. Dynastie, während deren Dauer die berühmtesten Monumente und Kunstwerke geschaffen wurden. Amosis, der Gründer der Dynastie, verjagte die Hyksos und seine Nachfolger hielten seine militärische Tradition aufrecht. Zur Zeit der Herrschaft Ramses II. hatte Ägypten ein beträchtliches Imperium aufgebaut und verfügte nun über ein ständiges Heer. Abgaben und diplomatische Geschenke aus dem Nahen Osten, der Ägäis und Nordostafrika flossen nach Ägypten, und der Wohlstand des Landes wurde von einer breiten Bürokratie belesener "Beamten" und Schreiber verwaltet. Einige der berühmtesten Herrscher stammen aus der 18. Dynastie – König Echnaton, der die gängige religiöse Praxis umstieß, indem er den Monotheismus einführte; der Kinderkönig Tutanchamun, dessen phantastische und völlig intakte Grabbeigaben unübertroffen sind; und Königin Hatschepsut, eine der wenigen Pharaoninnen.

Ramses II. war der mächtigste Pharao des neuen Reiches und ließ die beeindruckendsten Monumente erbauen. Er war mehr als hundert Jahre alt, als er starb, und hatte mehr als hundert Kinder gezeugt. Ramses wird üblicherweise in seinem Schlachtenwagen dargestellt, wie er sein Volk in die Schlacht führt und Ägyptens traditionelle Feinde, die Hethiter und die Nubier, zurückschlägt. Insgesamt neun Könige trugen den Namen Ramses, von denen Ramses III. der bemerkenswerteste war. Er baute einen elegan-

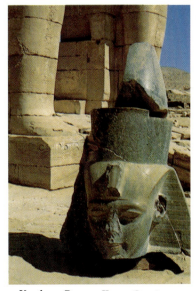

Kopf von Ramses II. aus Granit aus dem Ramesseum bei Theben, einst einer der schönsten Tempelanlagen des alten Ägyptens.

Die Königin von Punt (zweite von rechts) – offensichtlich an einer Form von Fettsteiß leidend – besuchte Ägypten während der Regierungszeit der Königin Hatschepsut.

Gegenüber: Die Stufenpyramide von Saqqara wurde um 2580 v. Chr. von Imhotep als Grabmal für den Pharao Djoser entworfen, der noch vor ihrer Fertigstellung starb.

Ansicht auf einen Teil des Ramesseums. Unter den eindrucksvollen, zu Ehren Ramses II. errichteten Monumenten befand sich eine Statue des Pharaos, die über 17 Meter hoch war und über 1000 Tonnen wog.

ten Tempelkomplex in Medinet Habu und schlug die Libyer sowie die sogenannten Seevölker des Mittelmeeres. Gegen 1000 v. Chr. war Ägypten in die Dynastie der Könige von Tanis im Delta und den Hohenpriestern in Theben gespalten. Diese politische Schwäche führte zu Invasionen von Seiten der Perser und Nubier, aber die Pharaonen der 26. Dynastie stellten die Ordnung wieder her und errichteten eine neue Hauptstadt in Sais, wo eine künstlerische Renaissance stattfand. Aber auch diese Zeit wirtschaftlicher Stabilität und Stärke endete, und in Ägypten lösten sich verschiedene fremde Völker als Eindringlinge ab, einschließlich der Griechen, deren Herrschaft über Ägypten, als Ptolemäische Zeit bekannt, anhielt, bis Kleopatra in der Schlacht von Aktium 31 v. Chr. geschlagen und Ägypten eine römische Provinz wurde. Unter den Römern wurde im Jahre 324 das Christentum die offizielle ägyptische Religion. Die koptische Kirche brachte einen ganz eigenen Kunststil hervor, in dem ägyptische, griechische und römische Elemente geschickt verschmolzen.

Nach der arabischen Eroberung im siebten Jahrhundert und der Konversion des Landes zum Islam wurde das antike Ägypten über tausend Jahre hinweg zur "verlorenen" und vergessenen Zivilisation. Die erste nennenswerte Wiederentdeckung geht auf Napoleons Ägyptenkampagne im Jahre 1798 zurück. Diese wurde von einer offiziellen Expedition von Gelehrten und Künstlern begleitet, die das festhielten, was sie sahen (und was schließlich in wunderschön illustrierten Bänden unter dem Namen *Description de L'Egypt* veröffentlicht wurde). Zu dieser Zeit fanden französische Soldaten einen Granitblock bei Rosetta, der mit einem königlichen Dekret in drei Schriften, der Hieroglyphenschrift, dem Demotischen (einer kursiv geschriebenen Abwandlung) und dem Griechischen, beschrieben ist. Da Altgriechisch eine bekannte Sprache ist, wurde die Bedeutung des Steins von Rosetta als Schlüssel zur Dekodierung der bis dahin "mysteriösen" Hieroglyphen sofort offensichtlich. Es hat den französischen Gelehrten Jean-François Champollion jedenfalls nahezu zwanzig Jahre intensiver Studien gekostet, um den Hieroglyphen-Code im Jahre 1822 zu brechen. Trotz der langwierigen und abenteuerlichen Reise nach Ägypten im neunzehnten Jahrhundert zog es zahlreiche Europäer in das Land, und zwar nicht nur aus Neugierde, sondern auf der Suche nach Antiquitäten. In dieser Zeit wurden die großen Museen in den wichtigen europäischen Städten gegründet, und die Faszination für die Antike führte zu einer steigenden Nachfrage nach ägyptischen Statuen, Mumien und Grabbeigaben. Um wahlloses Plündern der Sehenswürdigkeiten

Der Stein von Rosetta enthielt ein königliches Dekret aus dem ptolemäischen Ägypten in Hieroglyphen (oben), demotischer Schrift (Mitte) und Griechisch (unten). Seine Entdeckung führte zur Dechiffrierung der bis dato rätselhaften Hieroglyphen.

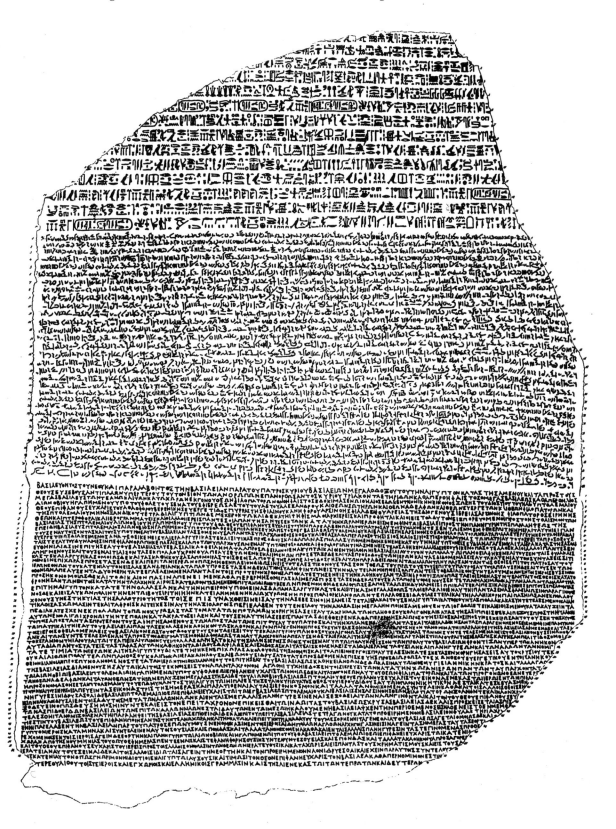

Schatz aus dem Grab des Tutanchamun, jetzt im berühmten Kairo Museum. Seit ende des 19. Jahrhunderts spielte das Museum die führende Rolle in der wissenschaftlichen archäologischen Erschließung der glorreichen ägyptischen Vergangenheit.

zu verhindern, wurde schließlich ein offizieller ägyptischer Antiquitäten-service der Regierung von Auguste Mariette auf die Beine gestellt, der dann später, im Jahre 1858, das erste Kairoer Museum gründete. Gegen Ende des neunzehnten Jahrhunderts praktizierte man eine neue Form sorgfältiger, wissenschaftlicher Archäologie, deren spektakulärstes Ergebnis die Ent-deckung des Grabmals von Tutanchamun 1922 war, dessen phantastische Kunstschätze die Welt in Staunen versetzten.

Ägyptische Kunst ist durch die Rundplastik gekennzeichnet, einschließlich Statuen, Amuletten und shabti Grabfigurinen. Das am häufigsten verwen-dete Material war der Stein, aufgrund seiner monumentalen, unveränder-lichen Qualität, aber auch Holz, Bronze, Gold und Keramik fanden Ver-wendung. Typisch sind außerdem die Steinreliefskulpturen, man findet sowohl erhabenes als auch versenktes Relief oder eine Kombination von beidem. Der Vorliebe der Ägypter für hartes Gestein wie Granit verdanken die Statuen eine exzellente Statik und den vorzugsweise kontrollierten, gelassenen Ausdruck. Mit dem Amarnastil, unter König Echnaton ent-wickelt, kam eine Tendenz zum verstärkten Naturalismus auf, und die seltsame Erscheinung des Pharaos wurde als "Kunstform" betrachtet. Die Bilder, die man in den Gräbern der Könige und der Adligen fand, gehören zu Ägyptens größten künstlerischen Leistungen. Die Mauern dieser Gräber sind mit Szenen aus dem täglichen Leben des Toten und seiner Frau bedeckt, in denen sein Beruf, sein Familienleben und seine Lieblingszer-streuungen wie Jagen, Fischen und Festschmausen dargestellt sind. Man findet außerdem Szenen aus der Landwirtschaft, Handwerker bei der Arbeit, Diener, tanzende Mädchen, Musiker, Arbeiter, Brauer und Bäcker: die Versinnbildlichung des Wohlstands des Toten im Jenseits. Die Grabstätte wurde als das "Haus" des Verstorbenen angesehen, in dem er die Ewigkeit verbringen sollte, und folglich stellten die Gemälde die erfreulichsten Aktivitäten und unendliche Mittel der Selbsterhaltung dar. Der Grabinhaber und seine Familie werden als idealisierte Menschen wiedergegeben, eher symbolische Darstellungen als Porträts. Die meisten Szenen werden von hieroglyphischen Texten begleitet, die oftmals einen Kommentar enthalten, der den Eigentümer mit seinem Titel und seiner Biographie benennt, sowie die unerläßlichen magischen Formeln. Durch das Rezitieren dieser magischen Texte glaubte man, daß die Bilder "lebendig" würden und somit die Existenz des Eigentümers bis in alle Ewigkeit gesichert wäre. Kunst war demnach ein Prozeß geheimer Magie, und der Künstler verwendete größte Aufmerksamkeit darauf, die gewünschte Situation und die materiellen Güter bis ins kleinste Detail genau wiederzugeben.

Die außergewöhnliche, charakteristische ägyptische Darstellungsform menschlicher Figuren hatte ebenfalls mit Magie zu tun. Der Kopf ist fast stets im Profil zu sehen, während das Auge von vorne erscheint. Dieser Brauch wurde als unerläßlich angesehen, denn wenn der Kopf von vorne zu sehen wäre, würde die Nase, Symbol des Lebensatems, an Deutlichkeit verlieren und ihre Kraft für alle Ewigkeit einbüßen; deshalb wird sie im

Die stilisierte Halbprofil-, Halbvorderansicht von Personen, die charakteristisch für die ägyptische Kunst ist, hatte religiöse Gründe. Man ging davon aus, daß symbolische Charaktermerkmale, einschließlich der Nase, im Profil, gezeigt werden müßten, um ihre Macht im Jenseits zu garantieren.

Ein Wandgemälde aus dem Grab des Kunsthandwerkers Inherkha bei Deir el-Medina, in Luxor, zeigt Frauen, die sich von einem Musiker mit Harfe unterhalten lassen.

Profil wiedergegeben. Aus Gründen der Magie wurde so wenig wie möglich in der bildhaften Darstellung und damit dem Leben im Jenseits ausgelassen. Deshalb sind die Schultern und der Oberkörper gleichzeitig in der Vorderansicht und im Profil zu sehen, während die Figuren von der Taille abwärts im Profil mit dem linken Fuß nach vorne dargestellt werden. Ägyptische Bilder lassen daher eine perspektivische Wiedergabe vermissen.

Die ägyptische Religion stand im Zentrum der Zivilisation. Sie drehte sich um den Tempel, der einem bestimmten Gott oder einer bestimmten Göttin geweiht war. Die Priester führten ein aufwendiges tägliches Ritual durch, in dem die Götterstatue in frisches Leinen gekleidet wurde und ihr Gaben in Form von Essen und Trinken dargeboten wurden. Da der Tempel als ein Abbild des Universums angesehen wurde, glaubte man, daß das religiöse Ritual das Wohlbefinden und den Reichtum des ganzen Landes sichern und die Ordnung im Chaos bewahren würde. Die Ägypter verehrten Hunderte verschiedener Gottheiten, von denen die meisten mit Tieren identifiziert und deshalb halb als Mensch und halb als Tier gemalt wurden.

Die bekannteste ägyptische Legende erzählt die Lebensgeschichte des Gottes und legendären ersten Königs Osiris. Er hatte über den Tod triumphiert und wurde mit Mumifizierung und dem ägyptischen Glauben an ein Leben im Jenseits verbunden. Das Ritual des Osiriszyklus brachte den Pharao mit den Kräften der Natur in Verbindung. Durch den König flossen alle Güte und Macht in die Welt, deshalb wurden alle Zeremonien in seinem Namen abgehalten. Die Ägypter glaubten, daß auch sie über den Tod triumphieren könnten, und deshalb mußte der Körper erhalten bleiben, um der Seele ein ewiges Leben zu gewährleisten. Folglich entwickelten sie einen ausgeklügelten Einbalsamierungsprozeß, der siebzig Tage dauerte. Die Mumie wurde dann in das Grabmal gelassen, gemeinsam mit den Lieblingsgütern des Toten und allem, was er für das andere Leben benötigte. Die Ägypter glaubten, daß man alles mitnehmen könne, wenn man starb. Dem Körper wurde außerdem eine Kopie des *Totenbuches* beigegeben. Dabei handelte es sich eigentlich um eine Papyrusrolle, die eine Anzahl von Sprüchen enthielt, die dem Verstorbenen auf seiner riskanten Reise ins Jenseits behilflich sein sollten. Dieser Totenkult war nachträglich dafür verantwortlich, daß der Nachwelt soviel von der ägyptischen Zivilisation erhalten blieb.

Die Priesterschaft stand einer Religion vor, die die Seele der ägyptischen Zivilisation bildete. Hier zeigt eine Reproduktion einer Illustration aus Theben die Priester in den charakteristischen Leopardenfellen.

Das *Totenbuch*, von dem hier ein Ausschnitt abgebildet ist, war ein Buch der Sprüche und ein Führer für das Leben nach dem Tod. Eine Kopie wurde stets der Mumie des Verstorbenen mitgegeben.

Die Mythologie ist ein zeitloser Ausdruck menschlichen Lebens und Denkens, für uns heute so fesselnd und faszinierend wie bedeutsam für die Ägypter, deren Religion ein großer Teil davon war. Lewis Spences "Die Mythen des alten Ägyptens", zuerst 1915 erschienen, ist ein Klassiker seiner Zeit, der sich dem widmet, was er "die Wissenschaft der modernen Mythologie" nennt. Um die Natur und Entwicklung von frühen Zivilisationen zu verstehen, ist es nötig, viele verschiedene Beispiele zu studieren; und er war fasziniert von der Universalität der Mythen. Als Anthropologe, nicht so sehr als Ägyptologe, wurde Spence eindeutig von dem zu seiner Zeit sehr einflußreichen Werk *The Golden Bough* (1914) inspiriert. Diese Arbeit von seinem Anthropologiekollegen James Frazer setzt die psychologische Uniformität aller Menschen voraus und nimmt deshalb an, daß menschliche Gruppen unter denselben Bedingungen ähnliche kulturelle Muster entwickeln. Er war vor allem an dem Osirismythos interessiert und verglich ihn mit griechischen und römischen Varianten. Obwohl solche Vergleiche unter den damaligen Anthropologen sehr verbreitet waren, ist es nach wie vor aufschlußreich, die Muster, denen religiöser Glauben und die Mythen alter Kulturen unterliegen, zu erforschen. Die philosophischen Ideen, die die ägyptische Mythologie zum Ausdruck bringt, nehmen die griechischen vorweg und berühren auch gewisse Aspekte der christlichen Theologie. Spence benutzte zweifellos Wallis Budges gefeierte Veröffentlichung *Studies in Egyptian Mythology* aus dem Jahre 1903 als Hauptquelle seiner Studien. Budge war einer der führenden Ägyptologen seiner Zeit und vom Britischen Museum mit der Obhut über die ägyptische Antiquitätensammlung betraut. Wenn auch nach modernen ägyptologischen Standards etwas veraltet, so war es doch ein bahnbrechendes Werk, das auf seiner Forschung über noch erhaltene antike ägyptische Texte basiert. Mit seiner beeindruckenden Darstellung des Forschungsstandes seiner Zeit und durch seine bemerkenswerte Kenntnis der Mythen anderer Kulturen, bietet Spences Text einen ungewöhnlichen, aber nützlichen Einblick in die Materie.

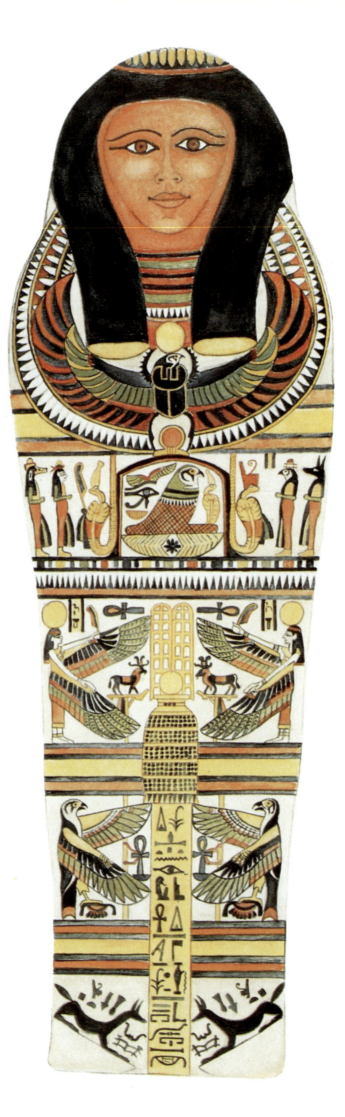

ERSTES KAPITEL

DIE WELT DER ÄGYPTISCHEN MYTHEN

In einer Zeitspanne von einigen tausend Jahren machten die Glaubenswelten, die der Bequemlichkeit halber die ägyptische Religion genannt werden, so gut wie alle Phasen durch, die den Studierenden der vergleichenden Mythologie bekannt sind. Wenn die Theologen des alten Ägyptens schon nicht in der Lage waren, ein auch nur einigermaßen beständiges Pantheon der Gottheiten zu erstellen, in dem jedem Gott oder jeder Göttin eine eigene Stellung in der göttlichen Galaxie sowie die Herrschaft über eine bestimmte kosmische oder psychische Sphäre zugewiesen werden konnte, kann man sich fragen, inwiefern die moderne Mythologie besser ausgestattet sein soll, eine Ordnung in so unklare Elemente wie die mythischen Eigenschaften der im Niltal verehrten Gottheiten zu bringen.

Die Erklärung liegt darin, daß die Wissenschaft der vergleichenden Religion langsam Licht in die dunklen Flecken der antiken Glaubenswelten gebracht hat. Wandern wir nun beim Schein dieser magischen Lampe – wundervoller als alles, was sich die Dichter östlicher Fabeln jemals erträumen konnten – im Glanz der Pyramiden und im kühlen Schatten der ewigen Tempelruinen durch das grausame Labyrinth des ägyptischen Geistes in der Überzeugung, daß es uns gelingt, mit Hilfe des Lichtes, das wir tragen, der Lösung des jahrtausendealten Rätsels dieses mystischen und mysteriösen Landes ein wenig näher zu kommen.

Zunächst müssen wir einmal berücksichtigen, daß es bei einer solchen Ansammlung von Göttern, wie sie in der ägyptischen Religion vorliegt, nicht weiter verwundern kann, wenn es bei den Ägyptern zu einer gewissen Verwirrung gekommen ist. Dies belegen die Texte, die in vielen Fällen die Schwierigkeiten widerspiegeln, die genauen Charakteristika bestimmter Gottheiten, ihre Gruppierung oder Klassifizierung zu definieren. Der Grund dieser Verworrenheit liegt nahe. Die ägyptischen Gottheiten ver-

Das *Totenbuch* ist ein wichtiger Führer der Gottheiten des alten Ägyptens. In späteren Versionen finden sich bis zu 500 Gottheiten.

Gegenüber: Ein reich mit magischen Symbolen zum Schutz des Toten im Jenseits dekorierter Sarkophag. Eine intensive Auseinandersetzung mit dem Leben nach dem Tod war ein zentraler Punkt der ägyptischen Mythologie.

Jede Provinz oder Nome (Gau) hatte ihre eigenen Gottheiten, und selbst einzelne Dörfer wie Qurna, am Fuße des Heiligen Berges nahe dem Tal der Könige (hier abgebildet), hatten lokale Gottheiten, die nirgendwo sonst verehrt wurden.

mehrten sich mit einer solchen Geschwindigkeit, daß wir in den Texten der frühen Dynastien Namen von nur etwa zweihundert Gottheiten finden, während eine spätere thebanische Version des *Totenbuchs* uns ungefähr fünfhundert nennt, denen noch die Namen von achthundert anderen mythologischen Gestalten hinzuzufügen sind.

Lokale Götter

Hathor, die hier als die mit Sternen gesprenkelte Heilige Himmelskuh dargestellt ist, war eine beliebte Göttin und wurde in sechs Gauen verehrt.

Ein anderer Grund für die Verwirrung ist, daß in jeder Provinz und in jeder größeren Stadt in Ober- und Unterägypten die Religion so etwas wie lokale Formen entwickelte. Ägypten war in Provinzen oder Gaue unterteilt, die sogenannten *hesput*, denen die Griechen später den Namen "nome" gaben.

In jedem dieser Gaue herrschte ein bestimmter Gott oder eine Gruppe von Göttern, wobei die Abweichungen auf rassische oder andere Bedingungen zurückgehen. Für die Menschen in jedem Gau galt ihr Gott als die Gottheit schlechthin, und in frühen Zeiten wird offensichtlich, daß die Anbetung in den einzelnen Provinzen fast auf getrennte Religionen hinauslief.

Die Aufteilung des Landes muß in einer sehr frühen Epoche stattgefunden haben und nährte in großem Maße das lange Überleben solcher religiöser Unterschiede. Die Gaugötter sind sicherlich auf prädynastische Zeiten zurückzudatieren, wie sich anhand von Inschriften, die den Pyramidentexten aus der fünften und sechsten Dynastie vorausgehen, beweisen läßt. Die Anzahl dieser Gaue schwankt von einer Epoche zur anderen, aber im Schnitt scheinen es zwischen 35 und 40 gewesen zu sein. Mehrere Gaue verehrten denselben Gott (beispielsweise wurde Horus in nicht weniger als sechs Gauen verehrt, während drei Chnum anbeteten und weitere sechs Hathor). Aber die großen Götter des Landes hatten in jedem Gau einen anderen Namen, erforderten unterschiedliche Rituale und sogar die Legenden ihrer Herkunft und ihrer Abenteuer variierten.

Auch hatten viele der großen Städte eigene Götter, denen oftmals zusätzlich die Attribute einer oder mehrerer der großen und populären

Gottheiten zugeschrieben wurden. Texte aus allen Epochen belegen, daß die Hauptgötter vieler Städte ihre Überlegenheit bis zum Ende beibehielten. Der Glaube der Stadt, die königliche Residenz wurde, wurde zur führenden Religion über das ganze Reich ausgedehnt.

Man sollte annehmen, daß mit der Vereinigung von Kultur, Kunst und Nationalität Ägypten auch eine vereinfachte und vereinheitlichte Religion entwickelte. Aber dieses Ziel ist nie erreicht worden. Selbst fremde Eingriffe scheiterten fast gänzlich daran, den religiösen Konservatismus der Priester und des Volkes zu zerstören. Tatsächlich hat sich das Volk selbst als noch konservativer als die Priester erwiesen. Von Zeit zu Zeit gingen von den verschiedenen Priesterseminaren oder vom König selbst Veränderungen in der Religionspolitik oder Differenzierungen zu den Legenden und hieratischen Texten aus; aber der Druck des Volkes schien immer in Richtung der Wiederherstellung der traditionellen Gottheiten und Religionsformen zu gehen.

Lokale religiöse Zentren blieben auch nach der Vereinigung der ägyptischen Kultur, Kunst und Nation von Bedeutung. Der Heilige See bei Karnak (unten) erfüllte weiterhin seine Rolle als ein solcher Ort.

Eine Kanope. Während der
Mumifizierung wurden dem Toten die
inneren Organe entnommen und in vier
Kanopen aufbewahrt. Eine derartige
Sorgfalt war typisch für die Haltung
der Ägypter gegenüber dem Leben
nach dem Tod.

Bestattungspraktiken
und die Götter Ägyptens

Die meisten der Götter, die während der ersten vier Dynastien verehrt
wurden, sind uns unbekannt, hauptsächlich aufgrund mangelnder Doku-
mentation, wenn auch einige in der Inschrift auf dem sogenannten Paler-
mostein, der sich auf verschiedene lokale Gottheiten bezieht, erwähnt werden. Einige Teile des *Totenbuchs* sind möglicherweise während der ersten
Dynastie abgeändert worden, und aufgrund dessen könnten wir behaupten, daß die Religion der Ägypter in den ersten drei Dynastien sehr dem
ähnelt, was wir in späteren Texten finden.

Erst in der fünften und sechsten Dynastie entdecken wir in den Pyra-
midentexten Unas', Tetis, Pepis I. und anderer Materialien, die uns das
Studium des ägyptischen Pantheons erlauben. Diese Texte sind zum größten
Teil Begräbnistexte, und durch die Erforschung der mit dem Tod und dem
Leben danach verbundenen Gebräuche und Überzeugungen können wir
uns am besten der ägyptischen Mythologie als Ganzem annähern.

Keine Rasse verlieh dem Totenkult soviel Bedeutung und Würde wie
die Ägypter. Es ist gefährlich, eine allgemeine Behauptung im Hinblick auf
eine ganze Nation aufzustellen, aber falls irgendein Volk jemals das Leben
als eine bloße Schule zur Vorbereitung auf die Ewigkeit betrachtete, so war
das diese mysteriöse und faszinierende Rasse, deren reichliche Überreste
an den Ufern des der Welt ältesten Flusses verstreut liegen und finster auf die
weniger majestätischen Unternehmungen einer Zivilisation blicken, die sich
die Bühne ihrer Myriaden von wunderbaren Taten einfach angeeignet hat.

Mumifizierung

Die ägyptische Religionslehre pflegte sorgfältig die Idee der Konservierung des menschlichen Körpers nach dem Tod. Die Mumifizierung war
wahrscheinlich eine Erfindung des Osiriskultes. Die Priester Osiris' lehr-
ten, daß der menschliche Körper heilig war und nicht den wilden Tieren
der Wüste überlassen werden dürfte, denn aus ihm würde die strahlende
und wiederhergestellte Hülle des gereinigten Geistes entspringen. In prähistorischen Zeiten schien es bereits einige Versuche der Konservierung
gegeben zu haben, entweder durch Trocknen in der Sonne oder durch das
Einreiben des Leichnams mit einer harzigen Substanz; und im Laufe der
Jahrhunderte entwickelte sich diese Behandlungsform zur Kunst der
Einbalsamierung mit all ihrem detailreichen Zeremoniell.

Bis zu Beginn des Neuen Reiches (etwa 1550-1086 v. Chr.) können wir
keinen Hinweis darauf finden, daß der Prozeß der Mumifizierung irgend-
einen Grad der Vervollkommnung erreicht hätte. Zunächst war sie nur auf
die Pharaonen beschränkt, die als Verkörperung Osiris' galten; aber die
Notwendigkeit eines Gefolges, das ihn in die dunklen Hallen des Duat
(siehe Seite??) begleitete, verlangte, daß auch die Höflinge einbalsamiert
wurden. Die Sitte wurde von den Reichen aufgegriffen und sickerte nach
und nach durch alle sozialen Ränge hindurch, bis schließlich auch der
Leichnam des ärmsten Ägypters wenigstens dem Prozeß des Einlegens in
ein Natronbad unterzogen wurde. Die Kunst der Mumifizierung erreichte
ihren Höhepunkt in der einundzwanzigsten Dynastie.

Wenn die Verwandten des Verstorbenen einen der professionellen
Einbalsamierer aufsuchten, wurden ihnen verschiedene Mumienmodelle
gezeigt, von denen sie eines auswählten. Der Leichnam wurde dann den
Händen des Einbalsamierers übergeben. Als erstes wurden das Gehirn
und die inneren Organe entfernt. Der Körper wurde anschließend einem
Trocknungsverfahren unterzogen, und es wurde, entsprechend der jeweiligen Epoche, das Fleisch entfernt, so daß nur die Haut übrigblieb, oder er
wurde mit Sägemehl ausgestopft, das ihm kundig durch Einschnitte einge-

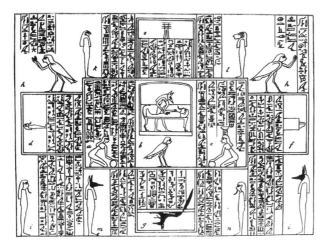

Das *Totenbuch* beinhaltete ausführliche Anweisungen für die Prozedur der Mumifizierung. Hier wird Anubis, der schakalköpfige, mit der Mumifizierung in Verbindung gebrachte Gott gezeigt (Mitte), wie er sich in dem Sargraum um die Mumie kümmert.

führt wurde, so daß die natürliche Gestalt komplett wiederhergestellt wurde. Die Bauchhöhle, aus der die Organe entnommen wurden, konnte andererseits mit Myrrhe, Kassie oder anderen Gewürzen gefüllt werden. Der Leichnam wurde wieder zugenäht und als nächstes für siebzig Tage in ein Natronbad eingelegt und dann sorgfältig mit Leinen, das in eine haftende Substanz getaucht wurde, bandagiert. Ein Sarg, der die Form eines menschlichen Körpers nachempfand, wurde gebaut und ausgiebig mit Götterfiguren, Amuletten, Symbolen und manchmal auch Begräbnisszenen bemalt. Das geschnitzte Antlitz des Verstorbenen überragte den gesamten Beerdingungsflitter, auch wenn die konventionelle Totenmaske üblicherweise nur wenig Ähnlichkeit mit der Person vor ihrem Tod aufwies.

Begräbnisopfer

Die Grabausstattung der Ägypter höheren Ranges war aufwendig und teuer – Stühle, Gefäße, Waffen, Spiegel, Perücken und manchmal sogar Karren. Mit Beginn des Mittleren Reiches (achtzehnte Dynastie) wurden kleine Statuetten, Uschebti genannt, in jedes Grab hineingegeben. Sie stellten verschiedene Gewerbe dar und sollten dem Verstorbenen in der anderen Welt beistehen. Die Wände des Grabmals und die Seiten des Sarkophages waren in der Regel mit Texten aus dem *Totenbuch* oder Formeln, die dem Ka (siehe unten) des Verstorbenen Gaben wie Brote, Gänse, Bier und anderen Proviant zusprachen, beschriftet.

Das Begräbniszeremoniell war stattlich und imposant. Manchmal ergab es sich, daß der Leichnam auf dem Wasserweg transportiert werden mußte, und lebhaft bemalte Boote führten die Leichenprozession; oder aber die Reihe der Trauernden bewegte sich langsam am Westufer des Nils entlang.

Die Zeremonie am Grabmal symbolisierte die nächtliche Reise von Re-Osiris. Die Angehörigen des Toten wurden in der Prozession von einer Schar professioneller Klagepersonen unterstützt. Der Leichnam wurde aus dem Sarg genommen und von einem Priester in der Maske des schakalköpfigen Gottes Anubis aufrecht gegen eine der Mauern des Grabmals gelehnt. Daraufhin wurde eine ausgeklügelte Zeremonie abgehalten, die als "Mundöffnungsritual" bekannt ist. Begleitet von zahlreichen magischen Sprüchen und Zeichen wurde der Mund des Toten mithilfe eines Hakens geöffnet, um ihm das Sprechen, Essen und Trinken im Jenseits zu ermöglichen. Im Falle von bedeutenden Persönlichkeiten war diese Zeremonie schier endlos, mindestens achtundzwanzig Formeln mußten zitiert werden, viele von ihnen wurden durch innere und äußere Reinigungsrituale und bei den amtierenden Priestern durch einen Wechsel der Gewänder begleitet. Dann wurde der Sarg mit der Mumie an einem langen Seil in das Grabmal hinabgelassen, wo ihn die Totengräber in Empfang nahmen.

Die mythologische Reise des Re-Osiris, des Sonnengottes, auf seiner nächtlichen Durchquerung des Duat (Unterwelt) bildete die Grundlage für die Zeremonien, die an den Gräbern abgehalten wurden. Hier reist der Gott in Begleitung anderer Götter und Göttinnen in der Nachtbarke auf dem Fluß Duat.

Das Ka und das Ba

Der oder die Tote war praktisch von der Gnade der Lebenden abhängig, wollte er oder sie im Jenseits überleben. Wenn die Angehörigen ihre Opfergaben nicht fortführten, würde sein oder ihr Ka verhungern. Das Ka war das Ebenbild einer Person und wurde gleichzeitig mit dieser geboren. Es muß deutlich vom Ba, der Seele, unterschieden werden, das üblicherweise die Gestalt eines Vogels annahm und nach dem Tod seines Besitzers davonflog.

Einige Ägyptologen sehen im Ka eine spezielle aktive Kraft, die den Menschen mit Leben erfüllt, ähnlich dem hebräischen "Geist", der sich von der "Seele" unterscheidet. Starb eine Person, so verließ das Ka den Körper, aber es hörte nicht auf, sich um ihn zu kümmern, und bei Gelegenheit konnte es ihn sogar wiederbeleben. Es war zum Wohle des Kas, daß die ägyptischen Gräber so gut mit Essen und Trinken und dem Notwendigen, um nicht zu sagen dem Luxus, zum Überleben ausgestattet waren.

Das *Totenbuch*

Das *Totenbuch*, dessen ägyptischer Titel *Pert em hru* verschiedentlich als "Herauskommen bei Tag" und "Tag der Offenbarung" übersetzt wird, ist ein großer Korpus von religiösen Schriften, die zur Benutzung durch den Toten im Jenseits zusammengestellt wurden. Es ist außerdem eine Allegorie der Passage der Sonne durch die Unterwelt nach jedem Sonnenuntergang. Diese beiden Konzepte sind in der ägyptischen Mythologie unentwirrbar miteinander verbunden.

Man weiß, daß bereits seit 4000 v. Chr. unter den Ägyptern Texte verwendet wurden, die den Wohlstand des Toten und sein Leben im Jenseits betreffen. Dr. Budges behauptet: "Es ist in jedem Fall vertretbar, wenn wir die früheste Form dieses Werkes zeitgleich mit der Gründung der Zivilisation im Niltal, die wir als ägyptisch bezeichnen, ansetzen." Die ältesten Versionen des *Totenbuchs* sind in den frühen Pyramidentexten enthalten, aber mit der Erfindung der Mumifizierung kam ein vollendeteres Begräbnisritual auf, welches auf der Hoffnung basierte, daß solche Zeremonien den Körper gegen Korruption schützen würden, ihn für immer erhalten und ihn in eine selige Existenz unter den Göttern führen mögen.

Es gab drei Versionen des *Totenbuches* – die heliopolitanische, die thebanische und die saitische. Die heliopolitanische Version begründete sich in den Pyramidentexten von Unas, Teti und Pepi und stellte das von den Priestern Res eingeführte theologische System dar; die wichtigsten Merkmale der primitiven ägyptischen Religion sind auf jeden Fall enthalten. Später mußte dann die Priesterschaft Res die Überlegenheit Osiris' anerkennen, und diese theologische Niederlage wird in den moderneren Texten sichtbar.

Die thebanische Version war von der achtzehnten bis zur zweiundzwanzigsten Dynastie gängig, sie wurde üblicherweise in Hieroglyphen auf Papyrus geschrieben und auf die Särge gemalt. Jedes Kapitel wurde als separates Ganzes aufbewahrt, offensichtlich ohne daß dabei ein bestimmtes Schema der Anordnung verfolgt worden wäre.

Die saitische Version wurde abschließend vor der sechsundzwanzigsten Dynastie zusammengestellt, sie ist auf Papyrus und auf Särgen zu finden, in hieratischer sowie in demotischer Schrift. Sie wurde bis zum Ende der Ptolemäischen Periode verwendet.

Das *Totenbuch* galt dem Verstorbenen und sollte ihm ab dem Moment nützlich sein, in dem er sich als Einwohner des Jenseits wiederfand. In dieser Sphäre war Magie die Haupttriebfeder der Existenz, und solange ein

Schilf ist im Niltal weit verbreitet, und die Rohrfelder, ein wichtiger Teil des Duat, gaben der mythologischen Unterwelt in den Augen der Ägypter eine gewisse vertraute Atmosphähre.

Geist nicht mit den Formeln, die den Respekt der verschiedenen Götter und Dämonen und selbst der toten Objekte erzwingen sollten, ausgestattet war, war er hilflos.

Die Region, in die der Tote aufbrach, wurde von den primitiven Ägyptern Duat genannt. Man stellte ihn sich als dunkel und verdrießlich vor, mit Feuergruben und schrecklichen Monstren; er wurde durch einen Fluß und eine stattliche Bergkette begrenzt. Der Ägypten am nächsten gelegene Teil, so glaubte man, war eine Mischung aus Wüste und Wald, durch die die Seele des Toten keine Aussicht hatte, sich durchzukämpfen, sofern sie nicht von einem wohlwollenden und ortskundigen Geist begleitet wurde. Die Dunkelheit überdeckte alles, und die Bewohner des Ortes verhielten sich feindselig gegenüber dem Neuankömmling.

Aber in dieser furchterregenden Gegend gab es einen Ort, den es zu erreichen lohnte – den Sechet Hetepet, die Elysischen Gefilde, die das Sechet Aaru oder Rohrfeld umfaßten, wo Osiris und seine Begleitung wohnten. Zunächst herrschte Osiris nur über diesen Teil des Duat, aber nach und nach gelang es ihm, seine Herrschaft über das gesamte Totenreich auszudehnen, dessen Monarch er war. Es war der Wunsch aller Ägypter, sich bis zum Königreich des Osiris durchzuringen, und deshalb nahmen sie die anstrengende Studie des *Totenbuchs* auf sich.

Das Rohrfeld

Aus der thebanischen Version erfahren wir, daß es sieben Hallen oder Herrschaftshäuser in den Rohrfeldern gab, durch die die Seele gehen mußte, bevor sie von dem Gott in Person empfangen wurde. Drei Götter bewachten jeweils die Tür jeder Halle – der Türhüter, der Wächter und der Fragensteller. Es war wichtig, daß der Neuankömmling jeden Gott mit seinem Namen ansprach, der eigentlich eher ein Spruch war, welcher sich aus einer Anzahl von Wörtern zusammensetzte.

Das Rohrfeld unterteilte sich in fünfzehn Regionen, von denen jede einem anderen Gott unterstand. In der ersten dieser Regionen, Amentet genannt, wohnten diejenigen Seelen, die von den Gaben der Erde lebten. Die zweite war Sechet Aaru, das eigentliche Rohrfeld, dessen umgebende Mauern aus demselben Material gefertigt waren wie der Himmel. Hier wohnten unter der Herrschaft des Re-Heru-Chuti die Seelen, die neun Ellen groß waren. Dies war das Zentrum von Osiris' Königreich. Die dritte war der Ort der Geisterseelen, eine Region des Feuers. In der vierten hauste die schreckliche Schlange Sati-temui, die den Toten, welche im Duat lebten, auflauerte. Die fünfte Region wurde von Geistern bewohnt, die sich von

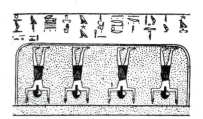

Die dritte Region im Rohrfeld war ein furchterregender Ort, an dem die Verdammten mit dem Kopf nach unten in Feuergruben gesteckt wurden.

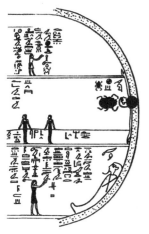

Am östlichen Ausgang des Duat wartet der mumifizierte Körper des Sonnengottes, während der Käfer Chepre, der Gott der aufgehenden Sonne, die Sonnenscheibe aus dem Duat in einen neuen Tag schiebt.

Der falkenköpfige Sokar, ein weiterer Gott, der mit den Bestattungsriten in Verbindung gebracht wurde, verfügte über ein eigenes Reich innerhalb des Duat. Häufig erscheint er auf der nächtlichen Reise des Re-Osiris.

den Schatten der schwachen und hilflosen Seelen ernährten. Die übrigen Regionen waren ähnlicher Natur.

Die Reise des Osiris

Wir finden andere Beschreibungen des Duat im *Pfortenbuch* oder im *Amduat* ("Schrift des verborgenen Raumes" oder "Buch dessen, der in der Unterwelt ist"), in dem die Reise des Sonnengottes (der Elemente von Re und Osiris vereint) durch die Unterwelt, nach Beendigung seiner täglichen Reise über die Erde, beschrieben wird. Sein Eintritt durch das Vorzimmer des Duat im Westen wird durch die Lobgesänge der Affengötter angekündigt, während die Schlangen Feuer speien, in dessen Licht die Lotsengötter sein Schiff lenken. Alle Türen werden aufgerissen und die durch die irdische Luft, die der Gott mit sich führt, wiederbelebten Toten kommen für eine kurze Stunde wieder zum Leben. Alle Kreaturen in diesem Teil des Duat werden auf Befehl des Gottes mit Fleisch und Getränken versorgt. Die Toten, die hier wohnen, sind diejenigen, denen es nicht gelungen ist, die verschiedenen Aufgaben zu lösen, welche den Zutritt zu seinem Hof ermöglichen, und alles, wofür sie existieren, ist der materielle Trost, der ihnen die kurze tägliche Durchreise des Gottes beschert.

Wenn der Sonnengott, der in dieser Form als Af-Re bekannt ist, den Eingang zum zweiten Teil des Duat, Urnes genannt, erreicht, verlassen ihn die Götter der ersten Station und erblicken ihn vor der folgenden Nacht nicht wieder. Jetzt treffen die Boote von Osiris und seiner begleitenden Götter auf die Barke Af-Res, und er befiehlt, daß die Toten Essen, Licht und Luft erhalten sollen. Hier ringt er mit den Schlangen Hau und Neharher, und nach dem Sieg über sie wird er in das Feld der Getreidegötter geführt, wo er sich für eine Weile ausruht und den Gebeten der Lebenden für die Toten zuhört und über ihre Gaben für sie Buch führt. Im weiteren Verlauf seiner Reise passiert er die zwölf Sektionen des Duat. In einigen von ihnen erkennen wir eventuell voneinander getrennte Reiche des Todes, wie zum Beispiel das Reich des Sokar, eines Gottes, der vielleicht noch antiker als Osiris ist. Der Sonnengott durchquert diesen Ort in unterirdischen Passagen, von denen er dann nach Amhet aufsteigt, wo sich ein Strom aus siedendem Wasser befindet. Aber er befindet sich solange noch im Königreich des Sokar, bis er nicht die sechste Sektion erreicht hat, wo die toten Könige Ägyptens und die Chu oder Geisterseelen wohnen.

An diesem Punkt der Reise wendet sich Af-Re gen Osten und nimmt Kurs auf den Berg des Sonnenaufgangs; zuvor reiste er von Süden nach Norden. In der siebten Sektion gesellen sich Isis und andere Gottheiten zu ihm, und hier wird ihm der Weg von der hinterlistigen Apophisschlange verstellt, durch deren Körper die begleitenden Götter ihre Dolche stoßen. Eine Gruppe von Göttern schleppt ihn durch die achte Sektion, aber seine Barke segelt von selbst durch die neunte, und in der zehnten und elften scheint er eine Reihe von Seen zu passieren, die möglicherweise für die Lagunen des östlichen Deltas stehen. In letzterer wird seine Fahrt durch eine Lichtscheibe auf dem Vorschiff erleuchtet, die von einer Schlange eingekreist ist. Die zwölfte Sektion enthält eine große Anzahl himmlischer Gewässer, und hier lebt Nut, die Personifizierung des Morgens. Vor der Barke taucht plötzlich die große Schlange Anch-neteru auf, und zwölf der Götter, die das Schlepptau halten, dringen in den Schwanz der Schlange ein und ziehen Af-Re in seinem Schiff durch den ganzen monströsen Körper, bis er zum Maul wieder hervorgezogen wird, wo er als Chepre erscheint, in den er sich während der Reise durch die Schlange verwandelt hat; als solcher wird er von zwölf Göttinnen in den Himmel gezogen und vor Schu geführt, den Gott der Atmosphäre und der irdischen Welt.

Schu setzt ihn in eine Öffnung in der halbrunden Mauer, die das Ende der zwölften Sektion darstellt, und er erscheint den sterblichen Augen nun als eine Lichtscheibe, nachdem er die mumifizierte Form abgelegt hat, in der er den Duat durchquerte. Seine Entwicklung wird von seinen Begleitgöttern mit Jubelrufen begrüßt, die über seine Feinde herfallen und sie vernichten und Hymnen auf sein Heil anstimmen.

Die zwölfte Region des Duat war der Wohnsitz der Göttin Nut, Verkörperung des Morgenhimmels, die (wie hier gezeigt) vom Körper der Erde abgehoben wird.

Osiris der Richter

Nur während des Mittleren Reiches nahm das Konzept von Osiris als Richter definitiv Form an und wurde allgemein anerkannt. In einem der Kapitel des *Totenbuchs* sehen wir ihn in einer großen Halle sitzend, deren Dach mit Feuer und den Symbolen der Wahrheit bedeckt ist. Vor ihm befinden sich das Symbol des Anubis, die vier Söhne des Horus und die Verschlingerin des Westens, ein Ungeheuer, das ihn beschützen soll. Im Hintergrund sitzen die zweiundvierzig Richter der Toten. Der Verstorbene erscheint vor dem Gott, und sein Herz wird in eine große Waage gelegt und von Anubis abgewogen. Thot, der Schreiber der Götter, steht daneben, um das Ergebnis auf seinen Tafeln festzuhalten. Das Resultat wird dann Osiris mitgeteilt, und der Tote, sofern er als würdig empfunden wurde, wird der Gottheit vorge-

Der schakalköpfige Anubis, hier auf einem Wandgemälde im Grab des Kunsthandwerkers Inherkha bei Deir el-Medina, Luxor, zu sehen, während er sich um eine Mumie kümmert, fungierte auch als Richter über die Toten.

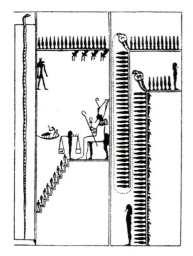

Osiris, wie er im Saal des Gerichts sitzt, vor ihm die Waagschalen, in denen das Herz des Toten abgewogen wird, mit Anubis (oben links): eine Reproduktion vom Sarkophag im Soane Museum in London.

führt, vor der er ein langes Gebet zitiert, in dem er erklärt, daß er nie etwas Böses begangen habe. Diejenigen, die den Test nicht bestanden, wurden verjagt und waren ganz offensichtlich der Gefahr ausgesetzt, von dem furchterregenden Monster Bebi verschlungen zu werden, das sie draußen erwartete.

Die aufgenommenen Toten nahmen am Leben des Osiris und anderer Götter teil. Dieses Leben wird in einer Inschrift auf dem Grab von Paheri, dem Prinzen von el Kab, wie folgt beschrieben:

"Du gehst ein und aus mit einem frohen Herzen und mit der Belohnung der Götter... Du wirst eine lebende Seele; Du hast Macht über Brot, Wasser und Luft. Du verwandelst Dich in einen Phönix oder eine Schwalbe, einen Sperber oder einen Reiher, ganz wie es Dir beliebt. Du wirst in einem Boot fahren und seiest nicht daran gehindert. Du segelst über dem Wasser, wenn eine Flut aufkommt. Du lebst erneut, und Deine Seele ist nicht von Deinem Körper getrennt. Deine Seele ist göttlich und erleuchtet, und die erhabenen Seelen sprechen mit Dir. Du bist unter ihnen und erhältst (fürwahr), was es auf Erden gibt; Du besitzest Wasser, besitzest Luft, hast Überfülle an dem, was Du wünschest. Deine Augen sind Dir gegeben zu sehen und Deine Ohren, Sprache zu hören, Dein Mund spricht, Deine Beine bewegen sich, Deine Hände und Arme regen sich für Dich, Dein

Fleisch wächst, Deine Adern sind gesund, und Du fühlest Dich wohl in allen Gliedern. Du hast Dein aufrechtes Herz in Deinem Besitz, und Dein früheres Herz gehört Dir. Du steigst auf gen Himmel und wirst jeden Tag an die Tafel von Wennefer gerufen, Du empfängst die Gaben, die ihm geopfert worden sind, und die Geschenke der Herren der Nekropole."

Es wurde angenommen, daß das *Totenbuch* das Ritual einer geheimen Bruderschaft gewesen sein könnte und daß die verschiedenen Hallen, die darin genannt werden, die verschiedenen Schritte der Initiation symbolisieren, die die Mitglieder durchlaufen müssen. Die Mysterien von Eleusis und ähnliche griechische Initiationszeremonien beinhalteten eine theatralische Darstellung der Wanderungen der Mutter durch die Unterwelt auf der Suche nach ihrer Tochter. Falls das *Totenbuch* keinen solchen frühen Typus von Initiationszeremonien enthielt, so kann es doch starken Einfluß auf die Zeremonie solcher Mysterien gehabt haben, als sie aufkamen. Auf der anderen Seite könnte das *Totenbuch* die Zeremonie eines viel älteren, prähistorischen Mysteriums darstellen, das von den Ägyptern zur Zeit der Dynastien bereits vergessen war. Es könnte ein neolithisches Ritual bewahren, das auf Tausende von Jahren vor seiner Verbindung mit der Verehrung des Osiris zurückgeht.

Anubis überwacht das Abwiegen des Herzens des Toten, während der ibisköpfige Thot das Ergebnis festhält und ein Ungeheuer, das teils Löwe, teils Krokodil, teils Nilpferd ist, darauf wartet, diejenigen zu verschlingen, die der Prüfung nicht standhalten. Der Tote wird Osiris (rechts) durch Horus vorgeführt.

ZWEITES KAPITEL

DIE GÖTTER UND GÖTTINNEN ÄGYPTENS

OSIRIS

Eine der wichtigsten Figuren im ägyptischen Pantheon und gleichzeitig diejenige, deren Elemente am schwersten zu entwirren sind, ist Osiris oder As-ar. In der dynastischen Periode wurde Osiris als Gott der Toten und der Unterwelt angesehen. Tatsächlich hatte er im Jenseits dieselbe Position inne wie Re im Diesseits.

Die Wurzeln des Osiriskultes sind extrem unklar. Aus den Texten können wir nicht ersehen, wann oder wo er zuerst verehrt wurde, aber wir können mit Sicherheit annehmen, daß der Kult weitaus älter ist als jeglicher Text. Die ältesten dynastischen Zentren waren Abydos und Mendes. Er ist möglicherweise auf dem Knauf eines Zepters des Narmer, den man in Hierakonpolis gefunden hat, dargestellt sowie auf einer hölzernen Plakette aus dem Reich von Udimu (Den) oder Wesepti, dem fünften König der ersten Dynastie, der tanzend vor ihm erscheint. Dies zeigt, daß es während der ersten Dynastie ein Zentrum der Osirisverehrung in Abydos gab. Aber Andeutungen aus den Pyramidentexten geben uns zu verstehen, daß bereits zuvor Osirisschreine in verschiedenen Teilen des Niltales errichtet worden waren.

Gemäß dem *Totenbuch* lebt Osiris friedvoll in der Unterwelt gemeinsam mit den Gerechtfertigten und urteilt über die Seelen der Verblichenen, sobald sie vor ihm erscheinen. Dieses Paradies wurde Aaru genannt und, obwohl es sich in der Unterwelt befand, glaubte man es ursprünglich im Himmel.

Osiris wird üblicherweise in Mumienbandagen gewickelt und mit der weißen kegelförmigen Krone des Südens gezeigt und erscheint zunächst als Libyer. Brugsch und Maspero sahen in ihm einen Wassergott, der die kreativen und nährenden Kräfte des Nils im allgemeinen und die Überschwemmungen im besonderen verkörperte. Aber wenn Osiris ein Gott des Nils ist, warum hätte man ihn dann aus der libyschen Wüste importieren sollen, wo es nun absolut keine Flüsse gibt?

Sir James Frazer über Osiris

Aus den Besonderheiten des Osirismythos' schloß Sir James Frazer, daß Osiris "einer dieser Personifizierungen der Vegetation (war), deren jährlicher Tod und Wiederauferstehung in so vielen Ländern gefeiert wurden" – daß er also ein Gott der Vegetation war, analog zu Adonis und Attis.

Osiris von Abydos, als Leichnam in seinen charakteristischen Mumienbandagen auf einem Bett liegend dargestellt. Osiris wurde in Abydos möglicherweise bereits zur Zeit der ersten Dynastie verehrt.

Der Isis- und Osiristempel bei Philae (gegenüber) wurde Stück für Stück abgetragen und an einem neuen Platz wiederaufgebaut, als man 1960 den Staudamm von Assuan konstruierte. Philae war eines der wichtigsten Zentren des Osiriskultes.

Osiris in seinem Schrein bei Abydos, während Göttinnen ihm aufwarten. Er trägt die konische Krone Oberägyptens.

Bauern bei der Getreideernte auf einem Gemälde des Künstlers Sennedjen bei Deir el-Medina, Luxor. Man glaubte, daß Osiris den Ägyptern den Getreideanbau beigebracht habe.

"Die generelle Ähnlichkeit des Mythos' und des Osirisrituals mit dem des Adonis und des Attis ist offensichtlich", sagt Frazer. "In allen drei Fällen sehen wir einen Gott, dessen vorzeitiger und gewaltsamer Tod von einer liebenden Göttin betrauert und jährlich von seinen Verehrern gefeiert wird. Daß Osiris die Charakteristika eines Vegetationsgottes aufwies, wird durch die Legende deutlich, welche besagt, daß er der erste war, der den Menschen die Nutzung des Getreides beibrachte, sowie durch den Brauch, sein jährliches Fest mit dem Pflügen des Bodens zu beginnen. Man sagt ihm außerdem nach, den Weinbau eingeführt zu haben. In einem Osiris gewidmeten Raum im großen Isistempel zu Philae finden wir eine Osirisdarstellung, in der seinem toten Körper Getreidehalme entspringen, die ein Priester mit einem Krug wässert, den er in der Hand hält. Die begleitende Legende führt aus, daß 'dies die Form desjenigen ist, den man nicht benennen soll, Osiris der Mysterien, der aus den zurückkehrenden Wassern entspringt.' Eine noch anschaulichere Darstellungsart für Osiris als Personifizierung des Getreides wäre nicht vorstellbar; die dem Bild angefügte Inschrift beweist, daß diese Personifizierung der Kern der Mysterien des Gottes war, das innigste Geheimnis, welches nur den Eingeweihten enthüllt wurde. Will man den mythischen Charakter Osiris' beurteilen, so muß man diesem Monument sehr großes Gewicht beimessen. Die Geschichte, daß seine verstümmelten Überreste über das ganze Land verteilt wurden, ist möglicherweise eine mythische Art und Weise, entweder das Säen oder das

Worfeln des Getreides zu umschreiben. Letztere Deutung wird durch die Sage gestützt, daß Isis die auseinandergerissenen Gliedmaßen des Osiris auf ein Getreidesieb legte."

Die Legende mag auch ein Überbleibsel des Brauches sein, ein menschliches Opfer stellvertretend für den Getreidegeist zu schlachten und sein Fleisch oder seine Asche als Dünger über die Felder zu verstreuen.

"Aber Osiris war mehr als nur der Geist des Getreides; er war außerdem ein Baumgeist, und dies war möglicherweise sein ursprünglicher Charakter, da die Verehrung der Bäume naturgemäß älter ist als die des Getreides. Sein Charakter als Baumgeist zeigte sich sehr bildlich in einer Zeremonie, die uns Firmicus Maternus beschreibt. Eine abgeschlagene Pinie wurde ausgehöhlt und aus dem gewonnenen Holz wurde ein Abbild des Osiris gefertigt, das dann in dem hohlen Innern des Baumes 'beerdigt' wurde. Auch hier ist schwer vorstellbar, wie man das Konzept eines von einem menschlichen Wesen bewohnten Baumes noch plastischer hätte darstellen können. Das so hergestellte Abbild Osiris' wurde ein Jahr lang aufbewahrt und dann verbrannt, genauso wie man es mit dem Abbild des Attis hielt, das an eine Pinie gehängt wurde. Von der Zeremonie des Baumabholzens, wie sie Firmicus Maternus beschreibt, spricht auch Plutarch. Es war möglicherweise das rituelle Gegenstück zu der mythischen Entdeckung von Osiris' in einem Erikabaum eingeschlossenen Körper. Wir können annehmen, daß die Aufstellung des Tatupfeilers am Ende des jährlichen Osirisfestes mit der von Firmicus beschriebenen Zeremonie identisch war; es sollte in Betracht gezogen werden, daß der Erikabaum im Hause des Königs die Form eines Pfeilers hatte. Wie auch der ähnliche Brauch des Schlagens einer Pinie und des anschließenden Anhaftens eines Abbildes in den Attisritualen, gehört diese Zeremonie vermutlich zu der Art von Bräuchen, unter denen das Einholen des Maibaumes einer der bekanntesten ist. Was die Pinie im besonderen betrifft, so ist in Dendera der Baum des Osiris eine Konifere, und der Kasten, der den Körper des Osiris enthält, wurde als in den Baum eingeschlossen gezeichnet. An Monumenten taucht häufig ein Pinienzapfen auf, der Osiris als Gabe dargeboten wird, und ein heute im Louvre befindliches Manuskript spricht von einer Zeder, die aus ihm entspringt. Auch die Sykomore und die Tamariske gelten als seine Bäume. In Inschriften wird erwähnt, daß er in ihnen lebt, und auch seine Mutter Nut wird regelmäßig in einer Sykomore wohnend dargestellt. In einer Gruft bei How (Diospolis Parva) ist das Bild einer Tamariske zu finden, die den Kasten mit dem

Die Assoziierung von Osiris mit körperlicher Verstümmelung war in Ägypten sehr weit verbreitet. Hier wird der Gott von einer Schlange beschützt, die die enthaupteten Körper der Verdammten im Duat verschlingt.

Der Erikabaum, in dem der Körper des Osiris verborgen war, wurde ein weitverbreitetes Symbol des Gottes: hier wird die Seele Osiris' oberhalb des Baumes (links) dargestellt.

Dendera war ein bedeutender Ort der Verehrung der Göttin Hathor, aber hier befand sich auch das sogenannte Grab des Osiris, in dem sein Tod und seine Wiederauferstehung gefeiert wurden.

Körper des Osiris überschattet; und in der Serie von Skulpturen, die die mystische Geschichte des Osiris im großen Isistempel zu Philae illustrieren, ist eine Tamariske dargestellt, die von zwei Männern bewässert wird. Die Inschrift dieses letztgenannten Monumentes läßt keinen Zweifel daran, so Brugsch, daß das Grün der Erde mit dem Grün der Bäume in Verbindung gebracht wurde und daß die Skulptur sich auf das Osirisgrab in Philae bezieht, von dem Plutarch berichtet, daß es von einer beeindruckenden Pflanze überschattet wurde, größer als jeder Olivenbaum. Diese Skulptur, stellen wir fest, erscheint in derselben Kammer, in der er als Leichnam dargestellt ist, aus dessen Ohren Getreide sprießt. In Inschriften bezieht man sich auf ihn als 'der in dem Baum' oder 'der Einsame in der Akazie' und so weiter. Auf den Monumenten erscheint er manchmal als eine mit Bäumen oder Pflanzen bedeckte Mumie. Es steht völlig im Einklang mit dem Charakter des Osiris als Baumgeist, daß es seinen Verehrern verboten war, Obstbäume zu verletzen, und mit seinem generellen Charakter als Vegetationsgott, daß es ihnen nicht erlaubt war, Wasserquellen zu verstopfen, die für die Bewässerung des heißen südlichen Landes so wichtig sind."

Frazer bekämpft weiterhin die Theorie, daß Osiris mit dem Sonnengott Re identisch sei. Osiris, so der deutsche Gelehrte Lepsius, wurde selbst im *Totenbuch* Re-Osiris genannt und Isis, seine Gattin, wird häufig als die königliche Angetraute des Re bezeichnet. Diese Identifizierung, glaubt Frazer, könnte eine politische Bedeutung gehabt haben. Er räumt ein, daß der Osirismythos das tägliche Auf- und Untergehen der Sonne versinnbildlichen könnte, und weist darauf hin, daß die meisten Autoren, die die Sonnentheorie vertreten, vorsichtig andeuten, daß es sich um den Tages-,

nicht um den Jahresverlauf der Sonne handelt, auf den sich ihrer Ansicht nach der Mythos bezieht. Aber warum, fragt Frazer, wird er dann durch ein alljährliches Fest gefeiert? "Allein diese Tatsache scheint tödlich für die Auslegung des Mythos als Beschreibung von Sonnenauf- und Sonnenuntergang zu sein. Und obwohl man sagen könnte, daß die Sonne täglich stirbt, inwiefern kann man behaupten, daß sie in Stücke gerissen wird?"

Osiris wurde bisweilen mit dem Mond assoziiert. Die Abbildung aus Dendera zeigt ihn hier mit einem Mondsymbol.

Osiris und der Mond

Plutarch sagt, daß einige der ägyptischen Philosophen Osiris mit dem Mond gleichsetzten, "weil der Mond mit seinem feuchten und fruchtbaren Licht der Fortpflanzung der Tiere und dem Wachstum der Pflanzen förderlich ist." In vielen frühen Mythologien wird der Mond als eine wichtige Feuchtigkeitsquelle angesehen. Man glaubte, daß die Vegetation in seinen blassen Strahlen aufblühe und daß er die Vermehrung der menschlichen Rasse sowie der Tierwelt und des Pflanzenreiches begünstige. Frazer zählt zahlreiche Gründe auf, die als Beweise für Osiris' Mondhaftigkeit gelten sollen. Dazu gehören unter anderem die Annahmen, daß er achtundzwanzig Jahre lang gelebt oder regiert haben soll, was dem mythologischen Umfang eines Mondmonats entspricht, und daß man sagt, sein Körper sei in vierzehn Teile zerteilt worden. "Das könnte als der abnehmende Mond interpretiert werden, der jeweils an jedem der vierzehn Tage, die die zweite Hälfte des Mondmonats ausmachen, einen Teil seiner selbst verliert."

Seth (die Verkörperung einer bösen Gottheit, siehe S. 46) fand den Körper des Osiris bei Vollmond; demnach begann seine Zerstückelung mit dem Abnehmen des Mondes.

Frazer zitiert Plutarch, der beschreibt, wie die Ägypter den Neumond des Monats Phanemoth, der den Frühlingsanfang symbolisierte, als "Eintritt Osiris' in den Mond" feierten; wie sie zu der als "Osiris' Beerdigung" bezeichneten Zeremonie einen halbmondförmigen Korb herstellten, "weil der Mond, wenn er sich der Sonne nähert, die Form eines Halbmondes annimmt und dann verschwindet"; und wie einmal im Jahr, bei Vollmond, Schweine (möglicherweise als Symbole für Seth) gleichzeitig dem Mond und Osiris geopfert wurden.

Frazers Theorie lautet daher, daß Osiris der Vegetations- oder Getreidegott ist, der später mit dem Mond identifiziert oder verwechselt wurde. Aber ist es nicht genauso vertretbar anzunehmen, daß er aufgrund seines Status' als Mondgott zur Gottheit der Vegetation wurde? Eine kurze Betrachtung der Umstände, die mit der Mondverehrung zusammenhingen, könnten uns zu dieser Annahme verleiten. Der Status der Göttlichkeit der Sonne bedarf nur einer geringfügigen Erklärung. Bereits in einer frühen Periode des menschlichen Denkens wird die Sonne als die wachstumsfördernde Kraft angesehen, und es ist wahrscheinlich, daß Wind, Regen und andere atmosphärische Phänomene als ihre Handlungen oder zumindest als Auswirkungen ihrer Taten angesehen werden. Analog erkennt man auch dem Mond die Fähigkeit zu, Wachstum zu fördern, und es werden ihm Kräfte zugeschrieben, die denen der Sonne nahezu gleichen. Nicht zu vergessen, daß der Mond als großes Reservoir magischer

Die Bedeutung der Sonne, die hier hinter dem Isistempel bei Philae aufgeht, darf in der ägyptischen Mythologie nicht unterschätzt werden. Doch die Macht des Mondes über den Wachstumszyklus wurde als der Sonne ebenbürtig betrachtet.

Kräfte gilt. In der libyschen Wüste dominiert der nächtliche Mond durch seine Erscheinung die gesamte Landschaft, und es fällt schwer zu glauben, daß sein intensives Scheinen und sein alles durchdringendes Licht bei den wandernden Stämmen der Region nicht Verehrung und Anbetung ausgelöst haben sollen. Und in der Tat, die Verehrung eines solchen Objekts kann durchaus der Anbetung eines reinen Getreide- und Baumgeistes vorausgehen, der in einer derartigen Umgebung nicht viel Raum für seine Machtbezeugungen hätte. Damit wird deutlich, daß ein solcher Mondgott der neolithischen Nubier, nachdem er in ein fruchtbareres Land importiert wurde, schnell mit den Mächten des Wachstums durch Feuchtigkeit und demnach mit dem Nil selbst identifiziert würde.

Osiris, mit seinem Charakter als Totengott, vereint all die Vorstellungen von Mond, Feuchtigkeit, Unterwelt und Tod – die gesamten Phänomene von Geburt und Verfall.

Die außergewöhnliche Fruchtbarkeit Ägyptens war vollständig vom Nil abhängig, und es ist möglich, daß der frühe nubische Osiris als Mond- und Fruchtbarkeitsgott in enge Verbindung mit dem Fluß gebracht wurde, als man ihn in die ägyptische Religion übernahm.

Osiris und der Mythos der Persephone

Es besteht eine sehr große Ähnlichkeit zwischen dem Osirismythos und dem der klassischen Göttinnen Demeter und Kore bzw. Persephone. Und wahrhaftig sind einige der Abenteuer der Isis, vor allem jenes mit dem Kind des Königs von Byblos, praktisch identisch mit Ereignissen im Leben der Demeter. Es ist sehr wahrscheinlich, daß die beiden Mythen einen gemeinsamen Ursprung haben. Aber während in dem griechischen Beispiel eine Mutter nach ihrem Kind sucht, ist in der ägyptischen Sage eine Frau auf der Suche nach den Überresten ihres Gatten. In der griechischen Sage haben wir Pluto als den Gatten Persephones und Herrscher über die Unterwelt, der wie Osiris als Gott des Getreides und des Wachstums angesehen wird, während Persephone, wie Isis, möglicherweise das Getreide selbst personifiziert. Man könnte daher annehmen, daß die hellenische Sage durch frühe ägyptische Einflüsse verfälscht wurde, möglicherweise auf dem Weg über Kreta.

Es bleibt die Annahme, daß Osiris als Herrscher über die Unterwelt galt. Der Gott der Unterwelt herrscht in nahezu jedem Fall auch über das Wachstum der Vegetation, und Osiris regierte nicht über die Fruchtbarkeit, weil er der Totengott war, sondern die Folge war genau umgekehrt. Osiris war zunächst der Gott der Fruchtbarkeit, und seine Assoziierung mit der Unterwelt war eine spätere Erfindung, die sich jedoch als logische Konsequenz aus seinem Status als Gott des Wachstums ergab.

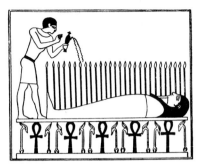

Getreideschößlinge, die aus dem
Körper des Osiris sprießen.
Reproduktion eines Reliefs bei Philae.
Es ist anzunehmen, daß die Schößlinge
symbolisch für die Wiederauferstehung
stehen, und nicht daß sie andeuten,
Osiris sei ein Getreidegott gewesen.

Eine neue Osiristheorie

Wir sollten nun einen kurzen Blick auf seine Personifizierung als Re
werfen, den er trifft, mit dem er verschmilzt und unter dessen Namen er
nächtlich durch seine eigenen Gefilde segelt. Dies könnte als eine Fusion
des Sonnen- und Mondmythos' erscheinen; der Mythos der Sonne, die
nächtlich unter der Erde reist, verschmolzen mit dem der nächtlichen
Reise des Mondes über das Himmelsfirmament. Eine nähere Betrachtung
wird uns zeigen, wie diese Verschmelzung stattfand. Re, der Sonnengott,
muß die Unterwelt bei Nacht durchwandern, wenn er am Morgen am östlichen Horizont erscheinen soll. Aber Osiris, in seiner Rolle als Gott der
Unterwelt, hält bereits die Bahn besetzt, die Re passieren muß. Die Bereiche
beider Götter verschmelzen zu einem; und ein Beweis dafür scheint in der
Tatsache zu liegen, daß Af-Re (oder Re-Osiris) im Reich des Sokar die
Richtung seiner Reise von Norden nach Süden auf eine Linie gen Osten in
Richtung der Berge des Sonnenaufgangs verschiebt. Die Fusion der beiden
Mythen ist durchaus logisch, da der Mond nachts dieselbe Richtung ein-
schlägt wie die Sonne tagsüber – also von Ost nach West.

Wir werden bald sehen, wie es dazu kam, daß Osiris nicht nur als Gott
und Richter der Toten, sondern auch als Symbol der Auferstehung des
menschlichen Körpers angesehen wurde. Frazer mißt einem Bild des
Osiris, auf dem dessen Körper mit sprießenden Kornähren bedeckt ist,
großes Gewicht bei; er hält es für den Beweis, daß Osiris ein Getreidegott
war. Unserer Meinung nach stellt das Bild lediglich symbolisch die Wiederauferstehung dar. Der Umstand, daß das Bild Osiris in der ruhenden Position eines Toten wiedergibt, verleiht dieser Annahme zusätzliches Gewicht,
und das Sprießen des Korns gilt weltweit als Symbol der Wiederauferstehung. Später wurde der Vegetationsmythos, der sich um Osiris rankt, in
einen die menschliche Wiederauferstehung betreffenden theologischen
Grundsatz verwandelt, und man glaubte nun, daß Osiris einst ein menschliches Wesen gewesen sei, das starb und zerstückelt wurde. Sein Körper
wurde jedenfalls von Isis, Anubis und Horus unter der Anleitung von Thot
wieder zusammengesetzt. Ein gutes Stück magischen Zeremoniells kam
bei dem Vorgang zum Tragen, der in der Folge von den Priestern in Verbindung mit der Einbalsamierung und dem Begräbnis der verstorbenen
Ägypter in der Hoffnung auf Wiederauferstehung Anwendung fand. Osiris
wurde jedenfalls als die Hauptursache menschlicher Wiederauferstehung
angesehen, und er war in der Lage, ein Leben nach dem Tod zu gewährleisten, denn er selbst hatte es bereits erreicht. Er trug den Titel "Ewigkeit
und Unendlichkeit", und er war es, der Männern und Frauen die Wiedergeburt schenken konnte. Diese Auffassung der Wiedergeburt schien
bereits von allerfrühester Zeit an sehr beliebt. Die Autorität in Osirisfragen
ist das *Totenbuch*, das ebensogut "Osirisbuch" heißen könnte, und in dem
seine täglichen Verrichtungen und seine nächtlichen Reisen innerhalb seines Königreiches, der Unterwelt, erzählt werden.

ISIS

Isis oder Ast muß als eine der ältesten und wichtigsten Göttinnen des
antiken Ägyptens angesehen werden. In der dynastischen Zeit wurde sie
als das weibliche Gegenstück zu Osiris betrachtet, und wir können annehmen, daß sie vor der Dämmerung der ägyptischen Geschichte eine ähnliche Position innehatte. Keine andere Gottheit wurde über so lange Zeit

Isis, das weibliche Gegenstück zu Osiris, stillt ihren Sohn Horus: ein Relief aus dem Isistempel bei Dendera.

verehrt. Ihr Kult verschwand nicht mit dem der meisten anderen ägyptischen Götter, sondern blühte später in Griechenland und Rom wieder auf und wurde im Paris des ausgehenden neunzehnten Jahrhunderts ernsthaft weiterbetrieben.

Isis war möglicherweise libyscher Herkunft und wird üblicherweise als Frau dargestellt, die mit ihrem eigenen Namenssymbol gekrönt ist und in der Hand ein Papyruszepter hält. Aus ihrer Krone ragen ein Paar Hörner, die eine Scheibe halten, welche auf der Seite manchmal noch mit ihrem Hieroglyphen, einem Stuhl oder Thron verziert ist. Manchmal wird sie auch mit strahlenden mehrfarbigen Flügeln wiedergegeben, mit denen sie den leblosen Körper des Osiris wieder ins Leben bringt.

Keine andere Göttin war bei den Ägyptern insgesamt so beliebt wie sie, möglicherweise wegen der Umstände der Plagerei und des Mitleids, die um ihren Mythos kreisen. Aber sie war auch die große und wohlmeinende Muttergöttin und repräsentierte die Mütterlichkeit in ihrer innigsten und liebevollsten Form. In ihrem Mythos, vielleicht einem der berührendsten und schönsten, der jemals dem Bewußtsein eines Volkes entsprungen ist, finden wir die Entwicklung dessen, was möglicherweise ein reiner Getreidegeist war, hin zur Verkörperung einer Art weiblicher und mütterlicher Zuneigung, die den Tod ihres geliebten Gatten betrauert und mit allen ihr zur Verfügung stehenden Mitteln versucht, ihn ins Leben zurückzuholen.

Der Isiskult erlebte nach dem Untergang des alten Ägyptens ein Wiederaufblühen in Griechenland und Rom. Diese Isisstatue wurde im Tempel von Pompeji gefunden.

Isis als Schwalbe, in deren Gestalt sie
Osiris ins Leben zurückrief, indem sie
ihm mit ihren Flügeln zufächelte und
seine Nase mit Luft füllte.

Isis als Wind

Obwohl Isis zweifellos viele Formen hat, besteht eine gewisse Wahrscheinlichkeit, daß sie in einer ihrer Phasen den Himmelswind verkörperte. Osiris, in seiner Verkörperung des Getreides, stirbt, erhält neues Leben
und wird weiträumig über das Land gesät. Isis ist untröstlich und weint
bitterlich um seinen Tod; tatsächlich äußert sie ihre Gram so laut und
herzzerreißend, daß das Kind des Königs von Byblos, das sie pflegt, vor
Schreck stirbt. Sie ist parfümiert, wie die Hofdamen der Königin von
Byblos wahrnehmen. Sie verwandelt sich in eine Schwalbe. Sie holt den
toten Osiris ins Leben zurück, indem sie ihm mit ihren Flügeln Luft
zufächelt und seinen Mund und seine Nase mit süßen Düften füllt. Sie ist
eine der wenigen ägyptischen Gottheiten, die Flügel besitzen, und sie ist
eine große Reisende. All diese Fähigkeiten deuten auf den Wind hin. Isis

Isis wird oft mit Maat, der Göttin der
Gerechtigkeit, in Verbindung gebracht.
Hier ist sie mit ihrem charakteristischen
Straußenfederkopfschmuck abgebildet.

heult wie der Wind, sie kreischt im Sturm, sie trägt den Duft von Gewürzen und Blumen über das ganze Land, sie nimmt die Form einer Schwalbe an, eines der schnellsten Vögel und typisch für die Geschwindigkeit des Windes, sie setzt das Element, das sie beherrscht, ein, um Osiris ins Leben zurückzurufen, sie besitzt Flügel wie alle Götter, die mit dem Wind in Verbindung stehen, und sie reist ständig landauf- und landabwärts. In einer ihrer Phasen symbolisiert sie mit Sicherheit die wiederbelebende Kraft des Frühlingswindes, der über den Gräbern des schlafenden Getreides heult und den leblosen Samen seinen wiederbelebenden Atem einhaucht.

Isis war eine der Gottheiten, die dazu bestimmt waren, Größe zu erlangen. Sie gewinnt während ihrer fast viertausendjährigen Herrschaft in Ägypten eine so überragende Bedeutung, daß sie mit Beschreibungen oder Zuschreibungen überhäuft wurde, wozu auch einige gehörten, die tatsächlich von ihrem ursprünglichen Charakter abweichen. Isis gibt den Toten im Duat Leben und Nahrung – das heißt, sie bringt den frischen Wind des Himmels mit sich in die Unterwelt- und wird mit Maat, der Göttin der Gerechtigkeit, identifiziert.

Isis könnte außerdem für den Morgenwind stehen, aus dem heraus die Sonne geboren wird. In den meisten Ländern kommt bei Sonnenaufgang ein Wind auf, von dem man sagt, er begleite die Sonne in ihre Existenz. Wir finden in ihrem Mythos außerdem, daß ihr, als sie das Haus verläßt, in dem sie von Seth gefangengehalten wurde (dem Sommersitz des Windes, der während dieser Jahreszeit Ägypten verläßt), sieben Skorpione vorangehen, die grimmig stechenden Stöße des Winters. Sie zeigen ihr den Weg durch die Sümpfe und Moore. Frauen schlagen ihr die Türen ins Gesicht; ein Kind wird von einem der Skorpione gestochen, aber Isis bringt es ins Leben zurück – das heißt, das Kind erholt sich mit dem Aufkommen besseren Wetters. Ihr eigener Sohn, Horus, wird von einem Skorpion gestochen – das heißt, die Hitze der Sonne wird durch die Kälte des Winters geschwächt, solange sie nicht durch Isis, den anregenden Frühjahrswind, wiederhergestellt wird.

Die Eigenschaften der Isis

Isis war auch eine machtvolle Zauberin, wie die große Zahl der von ihr vor dem Tod geretteten Gottheiten und Menschen zeigt. Ihr astronomisches Symbol war der Stern Sept, der das Frühjahr kennzeichnete und damit das Erscheinen des Nilhochwassers, ein weiterer Beweis dafür, daß sie in einer ihrer Phasen die Göttin der Frühlingswinde war. Als Lichtquelle in dieser Jahreszeit wurde sie Chut genannt und als Göttin der fruchttragenden Erde Usert. Als die Kraft, die die Mächte des Frühjahrs vorantreibt und die Nilflut losschickt, nannte man sie Sati, und als die Göttin der fruchtbaren Gewässer war sie Anqet. Sie war außerdem die Gottheit des kultivierten Landes und der Felder, Göttin der Ernte und Göttin der Nahrung. Sie symbolisierte die Macht des Frühjahrs, die Kraft der Erde, Getreide hervorzubringen und wachsen zu lassen, die Mutterschaft und all die Eigenschaften und Wesensarten, die daraus entspringen. Die Stärke ihres Kultes wird durch die Tatsache belegt, daß er in Ägypten erst nach Mitte des fünften Jahrhunderts n. Chr. aufgegeben wurde.

Als Göttin der Ernte und der Nahrung ist Isis hier dargestellt, wie sie dem Vogel, der die Seele des Verstorbenen symbolisiert, Wasser und Brot reicht.

HORUS

Der Falke symbolisiert normalerweise den Sonnengott Re, aber es gab einen anderen Gott in der Form eines Falken, der noch vor Re in Ägypten verehrt wurde. Es handelte sich um den Gott Heru oder Horus, "der, der

droben ist". Dieser Gott hatte viele Gesichter. Als Horus der Ältere wird er als Mann mit dem Kopf eines Falken dargestellt, den man für den Sohn von Geb und Nut hielt. Horus selbst wurde vermutlich als das Gesicht des Himmelreichs angesehen, als der Ausdruck des Firmaments, und als Horus der Ältere repräsentierte er das Gesicht bei Tag, im Gegensatz zu Seth, der das Gesicht bei Nacht verkörperte.

Horus der Jüngere oder Harpokrates wie ihn die Griechen nannten, ist als Jüngling dargestellt und war der Sohn der Göttin Rat-Tauit, die offenbar bei Hermonthis in der Gestalt eines Nilpferdes verehrt wurde. Horus der Jüngere repräsentierte die ersten Strahlen der aufgehenden Sonne und hatte nicht weniger als sieben Erscheinungsbilder oder Gestalten.

Der Horus der zwei Horizonte, der Harmachis der Griechen, war eine der Hauptformen des Sonnengottes Re und stellte die Sonne in ihrem täglichen Verlauf von Sonnenaufgang bis Sonnenuntergang dar. Er vereinigte so die Persönlichkeiten von Re, Atum und Chepre, was uns ein gutes Beispiel für die weitreichenden Überlappungen liefert, die in der ägyptischen Mythologie auftreten. Möglicherweise waren einige dieser Horusgötter lokal begrenzt. Demgemäß finden wir Formen der Harmachisverehrung hauptsächlich in Heliopolis und Apollinopolis. Sein bekanntestes Monument ist die berühmte Sphinx in der Nähe der Pyramiden von Giza.

Der Falke, später ein Symbol des Sonnengottes Re, verkörperte ursprünglich Horus. Hier bewachen zwei monumentale Falken (gegenüberr) den Eingang des Horustempels bei Edfu.

Die Sphinx bei Giza, während des Höhepunktes eines Lichtspektakels aufgenommen, ist das berühmteste Monument, das Horus gewidmet wurde.

Heru-Behudti

Eine der größten und bedeutendsten Formen des Horus ist Heru-Behudti, der den Mittag darstellt und damit die größte Hitze der Sonne. In dieser Gestalt wagte Horus den Kampf gegen Seth. Seine wichtigsten Schreine befanden sich in Edfu, Philae, Aat-ab und Tanis, wo man ihn als Löwen verehrte, der seine Feinde unterdrückte. Normalerweise ist er jedoch mit einem Falkenkopf gezeichnet, wobei er eine Waffe in der Hand hält, üblicherweise eine Keule oder ein Zepter, um seine Eigenschaft als Zerstörer zu symbolisieren. In den Arthusromanen lesen wir, daß bestimmte Ritter im Kampf gegen ihre Feinde bei aufgehender Sonne stärker wurden und daß sie bei Abnehmen der Sonnenstrahlen auch ihre Kräfte verließen. Mit zunehmender Stärke der Sonneneinstrahlung wurden die Sonnenhelden regelmäßig verrückt und schlugen mit so erbarmungsloser Wut um sich, daß sie Tausende auf eine Art und Weise abschlachteten, zu der kein normaler Krieger fähig gewesen wäre. Das ist typisch für die Stärke und Gewalt der Mittagssonne im östlichen Klima. Heru-Behudti, der Gott der Mittagssonne, war der erbarmungslose Krieger, der die Keule schwang, die möglicherweise den Hitzschlag versinnbildlichen sollte, und Pfeil und Bogen führte, Symbole seiner glühenden Strahlen, die den Drachen der

In einer seiner wichtigsten Gestalten, als Heru-Behudti, Symbol der grausamen Hitze der Mittagssonne, wird Horus häufig als Löwe dargestellt. Dieses Löwenrelief befindet sich bei Philae, einem wichtigen Zentrum des Heru-Behudti-Kultes.

Nacht und seine teuflischen Krieger zerstören sollten. Um die Mittagszeit war er siegreich und hatte den Nachtdrachen außer Sichtweite getrieben. Auf diese Weise verkörperte er auch die Kraft des Guten gegen das Böse.

In den Mythen über die Kämpfe des Horus ist leicht zu erkennen, was möglicherweise das am weitesten verbreitete mythologische Konzept ist – der Sonnenmythos. Horus (Herus-Behudti, also Horus von Behudti oder Edfu) war ursprünglich ein Sonnengott und demnach Re gleichgestellt, aber mit der Zeit wurden die beiden Götter als getrennte und unterschiedliche Persönlichkeiten angesehen, von denen Re der Höhere war, dem Horus als eine Art Kriegskapitän diente. Die geflügelte Scheibe stellte demnach die Mächte des Lichtes dar, während der böse Seth und seine Genossen die Dunkelheit verkörperten. Wie dem auch war, während Horus stets über seine Feinde siegte, gelang es ihm jedoch nie (gemäß der verbreitetsten Form der Tradition), sie völlig auszumerzen.

Seit Horus seine Feinde in der Gestalt einer geflügelten Sonnenscheibe (siehe S. 82) in die Flucht geschlagen hatte, wurde dieses Symbol als ausgezeichneter Schutz gegen Gewalt und Zerstörung angesehen. Es ist deshalb an zahlreichen Orten – vor allem im neuen Reich – in Tempeln, auf Monumenten, Stelen, usw. zu finden. Ihre einfachste Darstellungsform zeigt schlicht eine geflügelte Sonnenscheibe, aber mit der Zeit wurde auf jeder Seite der Scheibe eine Schlange hinzugefügt, stellvertretend für die Göttinnen Nechbet und Wadjet.

Die Hauptversion des Mythos', der sich mit Heru-Behudti oder Horus von Edfu befaßt, war ursprünglich eine lokale Variante aus Edfu, die später größere Verbreitung fand. In anderen Varianten der Legende übernahmen andere Götter die Hauptrolle als Zerstörer der Feinde Res.

Mit dieser Legende von Licht und Dunkelheit war eine andere verschmolzen, die berichtet, wie Horus den Tod des Osiris rächte (siehe S. 80).

Es ist auffällig, daß in diesem zweiten Mythos mitunter Unklarheit zwischen Heru-Behudti (Horus dem Älteren) und Horus dem Kind, Bruder bzw. Sohn des Osiris besteht. Im Edfutext wird Osiris nicht erwähnt, aber daß dieser Text eine Folge der Osirislegende ist, ergibt sich aus der Tatsache, daß der geschlagene Seth zur Bestrafung an Isis und Horus das Kind weitergereicht wird.

Einer der bemerkenswertesten Umstände in dieser Legende ist, daß die Begleiter des Horus mit Metallwaffen ausgestattet waren. Seine Begleiter werden in dem ägyptischen Text *mesniu* oder *mesnitu* genannt, was aller Wahrscheinlichkeit nach "Metallbearbeiter" oder "Schmiede" bedeutet. Die Anbeter Heru-Behudtis beziehen sich auf ihn als "Herr der Schmiedestadt" oder Edfu, wo er, so will es die Überlieferung, als Schmied tätig war. Und tatsächlich ist in Edfu die große goldene Sonnenscheibe geschmiedet worden, und in dem Tempel dieser Stadt gab es einen Raum hinter dem Altarraum, Mesnet oder "die Gießerei" genannt, wo Schmiedepriester dem Gott ihre Aufwartung machten. Die Skulpturen an den Tempelwänden zeigen, daß sie in kurze Roben gekleidet sind mit einer Art Kragen, der beinahe die Ausmaße eines Capes erreicht, daß sie ihre Speere mit der Spitze nach unten tragen sowie eine metallene Waffe, die einem Dolch ähnelt. Heru-Behudti, der sie begleitet, ist in ähnlicher Weise gekleidet und wird dargestellt, wie er mit einem Speer auf ein Nilpferd einsticht, um das er eine doppelte Metallkette gewunden hat.

Horus, der Sohn der Isis und des Osiris, oder Horus das Kind war eine andere wichtige Erscheinungsform des Gottes. Er repräsentierte die aufgehende Sonne, wie viele andere Horusformen auch, und zeigte unterschiedliche Aspekte oder Varianten. Seine Schreine waren so zahlreich, daß er in einigen Epochen mit all den anderen Horusgöttern identifiziert wurde,

Horus in seiner üblichen, falkenköpfigen Gestalt mit der Doppelkrone Ober- und Unterägyptens ersticht ein Nilpferd. Er wird besonders mit der Stadt Edfu in Verbindung gebracht, die lange ein Zentrum der Metallbearbeitung und Waffenherstellung war.

Isis stillt das Kind Horus im Rohrdickicht des Deltas, um dem Zorn des Seth zu entgehen. Die Götter Thot (links) und Amun-Re machen ihnen ihre Aufwartung und reichen Lebenssymbole.

aber hauptsächlich repräsentierte er die neue Sonne, die täglich wiedergeboren wird, und er war der Sohn und Nachfolger des Osiris. Er war ausgesprochen populär, da er als markantes Symbol der Wiedergeburt nach dem Tod galt. So wie Osiris das "Gestern" darstellte, stand Horus, sein Sohn, in der ägyptischen Vorstellung für das "Heute". Obwohl einige Texte behaupten, daß Osiris sein Vater war, gibt es andere, die diese Position Re zuschreiben, aber die beiden sind in diesem Fall ein und dasselbe.

Osiris wurde nach seinem Tod Horus' Vater; und das ist auch der Ursprung vieler anderer Sonnenhelden. Die Geburt solcher Helden ist üblicherweise obskur. Isis suchte, während sie das Kind von Horus pflegte, aus Angst vor den Verfolgungen durch Seth in den Sümpfen des Deltas Schutz und versteckte sich und ihr Kind in einer dichten Masse aus Papyruspflanzen. Den Ägyptern im Delta muß es in der Tat so vorkommen, als hätte die Sonne ihren Ursprung mitten in den papyrusbedeckten Sümpfen, die sich nach jeder Seite des Horizonts ausdehnen, so daß wir diesen Teil des Mythos' als pure und simple Allegorie auffassen können.

Der Respekt des Sohnes, den Horus dem Andenken seines Vaters Osiris zollte, brachte ihm bei den Ägyptern viel Ehre ein. Er war es, der die Details der Mumifizierung des Gottes bestimmte und der den Standard für den frommen Ägyptersohn festlegte. In dieser Hinsicht wurde er als Helfer des Toten angesehen, und man glaubte, er würde zwischen den Toten und den Richtern des Duat vermitteln. Bei seiner Sorge um die Verstorbenen hatte er zahlreiche Helfer, die als Horus-Anhänger bekannt waren und als die Götter der Himmelsrichtungen betrachtet wurden. Im *Totenbuch* werden ihnen Positionen von großer Wichtigkeit eingeräumt. Sie beschützten außerdem abwechselnd den Körper des Verstorbenen. Sie waren insgesamt zu viert, ihre Namen waren Hapi, Tuamutef, Amset und Qebhsennuf.

In bestimmten Texten wird Horus, der Sohn von Isis und Osiris, als Kind dargestellt, mit dem Zeigefinger an den Lippen und einer Stirnlocke an der Seite des Kopfes, was auf seine Jugend hinweist. Später wurde er dann in zahllosen verschiedenartigen, phantasievollen Gestalten wiedergegeben.

SETH

Seth wurde mit der herbstlichen Tag- und Nachtgleiche in Verbindung gebracht, in deren Rolle, so glaubte man, er der Sonne das Licht stahl, um die Tage zu verkürzen. In dieser Abbildung erscheint er auf der rechten Seite, wo er das Gleichgewicht zwischen Tag und Nacht herstellt.

Der Kult um Seth hat sehr antike Ursprünge, und obwohl er in späteren Zeiten als die Personifizierung des Bösen angesehen wurde, entsprach dies nicht seiner ursprünglichen Rolle. Gemäß den Priestern von Heliopolis war er der Sohn von Geb und Nut und somit Bruder von Osiris, Isis und Nephthys, Ehemann der letztgenannten Göttin und Vater des Anubis. Diese Beziehungen wurden ihm jedenfalls alle in einer relativ späten Periode angedichtet. Aus den Pyramidentexten erlesen wir, daß Seth sich den Toten gegenüber freundschaftlich zeigte und daß er Osiris sogar half, den Himmel mittels einer Leiter zu erreichen. Er wird außerdem mit Horus in Verbindung gebracht und als dessen Ebenbild betrachtet. Aber mit der Zeit wurden sie als Todfeinde angesehen, die nur durch den weisen Thot daran gehindert wurden, sich gegenseitig auszulöschen. Horus der Ältere war der Gott des Tageshimmels und Seth war der Gott des Nachthimmels. Der eine war somit das direkte Gegenteil des anderen.

Die Abweichungen von dem Namen "Seth" sorgen für größte Schwierigkeiten bei der Aufklärung. Die Wurzel seines Hieroglyphen ist entweder die Figur eines Tieres oder eines Steins, wobei letzterer das steinige oder wüstenhafte Land beiderseits des Nils zu symbolisieren scheint.

Das Tier, das ihn bildlich repräsentiert, ist nicht genau identifiziert worden, aber zahlreiche Autoritäten halten es für ein Kamel oder ein Okapi. In jedem Fall muß es ein Wüstenbewohner gewesen sein, der dem Menschen schadet.

So wie Horus der Gott des Nordens war, war Seth der Gott des Südens. Brugsch hielt Seth für das Symbol der Abwärtsbewegung der Sonne in der niederen Hemisphäre, was ihn zur Quelle der zerstörerischen Sommerhitze machte. Wenn die Tage kürzer und die Nächte länger wurden, glaubte man, daß er dem Sonnengott das Licht stahl. Er trug außerdem zu der monatlichen Zerstörung des Mondes bei. Stürme, Erdbeben und Sonnenfinsternisse sowie alle Naturerscheinungen, die Dunkelheit hervorrufen, wurden ihm zugeschrieben, und aus ethischer Sicht galt er als der Gott der Sünde und des Bösen.

Wir sehen, daß der Mythos der Auseinandersetzung zwischen Seth und Horus sich von dem schlichten Tag-Nacht-Gegensatz zu einem Kampf zwischen zwei Gottheiten entwickelt hat (siehe S. 80). Manchmal werden Re und Osiris statt des Horus gegen Seth aufgestellt. Der Kampf symbolisiert den moralischen Sieg des Guten über das Böse; und von jenen Toten, die aufgenommen wurden, glaubte man, sie hätten Seth überwunden, so wie es Osiris getan hatte. In seinem Kampf gegen den Sonnengott nahm Seth die Gestalt des schlangenhaften Ungeheuers Apep (der Apophis-

Der seltsame Tierkopf, der Seth auszeichnet, wird normalerweise als der eines Kamels interpretiert, einem Tier, das in Ägypten allgegenwärtig ist.

Obwohl Horus und Seth normalerweise als Gegner betrachtet werden, verschmelzen sie bisweilen in einer einzigen Gottheit.

47

schlange) an und wurde von einer Armee niederer Schlangen und Reptilien jeder Art begleitet. In späteren Zeiten sehen wir, daß er mit Typhon identifiziert wird. Alle Wüstentiere und diejenigen, die im Wasser lebten, wurden als Seths Kinder betrachtet, dasselbe galt für Tiere mit rotem Fell oder roter Haut und sogar für rothaarige Menschen. Solche Tiere wurden oftmals rituell geopfert, um Seth auszusöhnen. Im Monat Pachons wurden ihm eine Antilope und ein schwarzes Schwein geopfert, um ihn davon abzuhalten, den Vollmond anzugreifen, und zum großen Heru-Behudti-Fest zertrat man unter dem Triumphgeschrei anläßlich Res Sieg über seine Feinde Vögel und Fische, von denen man annahm, daß sie zu Seths Gefolge gehörten.

Seth hatte außerdem ein Königreich im nördlichen Himmel und sein Wohnsitz war der große Bär. Wie in einigen anderen Ländern auch wurde der Norden von den Ägyptern als der Ort der Dunkelheit, der Kälte und des Todes betrachtet.

Von der Göttin Reret, die den Kopf und den Körper eines Nilpferds hatte, nahm man an, daß sie den bösen Einfluß Seths unter Kontrolle hatte. Auf Bildern hält sie die Dunkelheit mit einer Kette gefesselt, und man vermutet, sie sei eine der Formen der Isis.

Es war vermutlich zur Zeit der zweiundzwanzigsten Dynastie, daß die Verehrung des Seth anfing nachzulassen und daß er stattdessen die Form einer bösen Gottheit annahm. Es wurde die Theorie aufgestellt, daß die Hyksos, die Ägypten zeitweilig erobert hielten, ihn mit einigen ihrer Gottheiten identifizierten und daß dies ausreichte, um ihn bei den Ägyptern in Verruf zu bringen.

NEPHTHYS

Das weibliche Gegenstück zu Seth war Nephthys. Sie war die Tochter von Geb und Nut, Schwester und Gattin des Seth sowie Mutter des Anubis, wobei nicht klar ist, ob Osiris oder Seth der Vater war. Die Worte Nebt-het bedeuten "die Herrin des Hauses" oder auch des Himmels. Obwohl Nephthys mit Seth liiert ist, scheint sie eher zu ihrer Schwester Isis zu halten, der sie hilft, die verstreuten Gliedmaßen des Osiris aufzusammeln. Sie wird in Gestalt einer Frau dargestellt, die auf ihrem Kopf ihr Namenssymbol trägt, also einen Korb und ein Haus (Nebt-het gelesen). Im *Totenbuch* erscheint sie teilweise als Helferin ihrer Schwester Isis, indem sie hinter Osiris steht, während die Herzen der Toten gewogen werden, oder am Kopf seiner Bahre kniet. Man nahm an, daß sie wie ihre Schwester über große magische Kräfte verfügte, und sie konnte ebenso viele verschiedene Gestalten annehmen. Man vermutete außerdem, daß sie Osiris in seiner Erscheinungsform als Mondgott beschützte.

Plutarch bringt etwas Licht in den ägyptischen Glauben bezüglich dieser Göttin. Er behauptet, daß Anubis der Sohn von Osiris und Nephthys war und daß Seth von ihrer amourösen Beziehung durch eine Blumengirlande erfuhr, die Osiris zurückgelassen hatte. So wie Isis die Fruchtbarkeit verkörpert, so steht Nephthys, seiner Meinung nach, für Korruption. Budge sagt in einem Kommentar zu dieser Behauptung, daß Nephthys zwar eindeutig die Personifizierung der Dunkelheit und all dessen, was damit verbunden ist, gewesen sei, aber daß ihre Eigenschaften eher passiver denn aktiver Natur wären. "Sie war in jeder Hinsicht das Gegenteil von Isis. Isis verkörperte Geburt, Wachstum, Entwicklung und Lebenskraft; Nephthys war der Tod, der Verfall, die Abnahme und die Immobilität. Die beiden Göttinnen waren dennoch untrennbar eine mit der anderen verbunden."

Nephthys, das weibliche Gegenstück des bösen Seth, wurde dennoch eng mit ihrer Schwester Isis assoziiert. Plutarch ging davon aus, daß sie Anubis illegitim von Osiris empfangen habe. Hier werden die Throne von Isis, Osiris und Nephthys von Horus und Thot zusammengebunden.

Laut Plutarch versinnbildlicht Isis den sichtbaren Teil der Welt, während Nephthys für den unsichtbaren steht.

Isis und Nephthys repräsentieren jeweils die Dinge, die bereits existieren, sowie die Dinge, die noch geschaffen werden müssen, Anfang und Ende, Geburt und Tod, Leben und Tod.

Wir haben bedauerlicherweise keine Möglichkeiten herauszufinden, welches das ursprüngliche Konzept der Eigenschaften Nephthys war, aber es ist höchst unwahrscheinlich, daß es auch nur mit einer der Ansichten, die zu diesem Thema zur Zeit Plutarchs kursierten, übereinstimmte. Nephthys ist keine Göttin mit festgelegten Charakteristika, aber sie könnte, verallgemeinert gesagt, als "Göttin des nicht ewigen Todes" beschrieben werden. Budge sagt, daß Nephthys, obwohl sie die Todesgöttin ist, mit dem Entstehen von Leben aus dem Tod in Verbindung gebracht wird. Gemeinsam mit Isis bereitete sie das Totenbett des Osiris und legte ihm die Mumienverbände an. Und zusammen mit Isis bewachte sie Osiris' Leichnam. Später wurden die beiden Göttinnen durch zwei Priesterinnen dargestellt, deren Haare geschoren waren und die Girlanden aus Widderwolle auf ihren Köpfen trugen. Die eine trug eine Armbinde mit der Inschrift "Isis", und die andere trug ein nämliches Band mit der Inschrift "Nephthys".

Nephthys und Isis sitzen jeweils am Kopf- und am Fußende der Bahre, während Anubis und die Froschgöttin Heqet unter der Anleitung von Thot den Körper des Osiris wieder zusammensetzen.

ANUBIS

Anubis oder An-pu, wie die Ägypter ihn nennen, war nach einigen Überlieferungen der Sohn von Osiris und Nephthys, andere schreiben Seth die Vaterschaft zu. Er hatte den Körper eines Mannes und den Kopf eines

Drei Anubisfiguren aus einem Gemälde im Grab des Künstlers Inherkha bei Deir el-Medina, Luxor.

Schakals und stand ganz offensichtlich symbolisch für dieses Tier, das um die Gräber der Toten herumschlich. Seine Verehrung hat sehr alte Ursprünge, und er war der Führer der Toten in die Unterwelt auf ihrem Weg zum Wohnsitz des Osiris.

In vielen Mythologien ist es ein Hund, der die Toten ins Jenseits begleitet. Seine Überreste wurden in prähistorischen Grabstätten gefunden; sowohl in Mexiko als auch in Peru wurden Hunde zur Beerdigung geopfert, und dies ist tatsächlich eine weit verbreitete Sitte. Somit ist es nicht unwahrscheinlich, daß Anubis den prähistorischen halbdomestizierten Schakal darstellte, einen frühen Typus des Hundes.

Anubis wurde besonders in Lykopolis und Abt verehrt. Er spielt eine herausragende Rolle im *Totenbuch*, vor allem in den Abschnitten, die der Rechtfertigung und Einbalsamierung des Toten gewidmet sind. Er war es, der den Körper des Osiris einbalsamierte. Tatsächlich leistete er den trauernden Schwestern des Gottes große Unterstützung, und dadurch mag er die Treue und Hilfsbereitschaft eines Hundes symbolisieren. Dies ist umso eindrucksvoller, wenn wir ihn als Sohn des Seth ansehen, und die ganze Entwicklung der Gottheit scheint nahezulegen, daß der halbwilde, halb gezähmte Hund von ursprünglich nächtlichem und zweifelhaftem Wesen unter der Domestizierung seine Tugenden offenbarte. Es ist wahrscheinlich, daß wir Anubis, wenn die Forschung bis zu einer ausreichend frühen Epoche zurückreichen würde und in dieser Periode bereits Bilder existiert hätten, als den treuen Hund abgebildet fänden, der die Verstorbenen auf ihrer Reise ins Duat führte. Später, als jede Gottheit in dem Bild sich bereits entsprechend ihrer besonderen Aufgabe entwickelt hatte, entdecken wir in einem Gebiet, in dem der Schakal oder Hund als Totem galt, daß der Gefährte des Toten ihn stets begleitet, ihn stets durch die Dunkelheit führt, aber in der Gestalt und mit den Merkmalen einer vollentwickelten Gottheit. Wie es dazu kam, daß er der Mumifizierer von Osiris wurde, ist schwer zu sagen; möglicherweise deutet die Assoziierung des Schakals mit dem Friedhof darauf hin. Er stand als Symbol für das Grab.

Eine Rede des Anubis im *Totenbuch*, Kapitel 151, ist bezeichnend für seinen beschützenden Charakter. "Ich kam," so sagt er, "um Osiris zu beschützen." In vielen Ländern wird der Hund gemeinsam mit dem Toten auf den Weg geschickt, um ihn gegen die zahlreichen schrecklichen Feinde zu beschützen, die er auf dem Weg in das Königreich der Unterwelt treffen könnte, und es ist nicht auszuschließen, daß Anubis in sehr frühen Zeiten eine ähnliche Rolle spielte.

Es ist Anubis' Aufgabe, darauf zu achten, daß der Balken der großen Waage, auf der die Herzen der Verstorbenen abgewogen werden, in der richtigen Position steht. So wie Thot für die Götter handelt, tritt Anubis für die Toten auf, die er auch gegen die "Fresserin der Toten" beschützt. Er begleitet außerdem die Seelen der Toten durch die Unterwelt, wobei ihn Upuaut unterstützt, eine andere schakalköpfige Gottheit, deren Name "Wegöffner" bedeutet. Die beiden Götter wurden manchmal miteinander verwechselt, aber in bestimmten Texten werden sie als zwei getrennte Götter behandelt. Der Name des letzteren Gottes ist bedeutsam für seine mögliche frühe Funktion. Dr. Budge geht davon aus, daß Anubis der Öffner der Wege des Nordens war und Upuaut der der Wege des Südens. "In der Tat", so sagt er, "war Anubis die Personifizierung der Sommersonnenwende und Apuat (Upuaut) die der Wintersonnenwende." Er behauptet weiterhin, daß sie, wenn sie gemeinsam mit den beiden Udjataugen oder den Augen des Re auftreten, die vier Gefilde des Himmels und der Erde symbolisieren sowie die vier Jahreszeiten.

In Heliopolis wurden Anubis' Eigenschaften bis zu einem gewissen Grad mit denen des Horus verschmolzen. Und in gewisser Weise übernahm er den Charakter der alten Verschmelzung zwischen Horus und Seth, indem er in dieser letzteren Verbindung für Tod und Verfall stand.

Anubis spielt eine Hauptrolle im *Totenbuch*, besonders als göttlicher Einbalsamierer und Experte der Mumifizierung. Sein Schakalkopf könnte auf die ständige Anwesenheit von Schakalen in der Nähe der ägyptischen Friedhöfe zurückzuführen sein.

Aus dem *Goldenen Esel* von Apuleius erfahren wir, daß Anubis Anhänger in Rom hat, und es ist auffallend, daß er in diesem Zusammenhang mit einem Hundskopf beschrieben wird.

THOT

Thot oder Tehuti war eine höchst komplexe Gottheit. Er wurde zur gleichen Zeit wie Re geboren. Er wird als der Zähler der Sterne bezeichnet, der Vermesser und Aufzähler der Erde, er war doppelter und dreifacher Großherr der Bücher, Schreiber der Götter, er kannte die göttliche Sprache, derer er "mächtig" war. Normalerweise erschien er in menschlicher Gestalt mit dem Kopf eines Ibis', aber manchmal erschien er auch ganz in Gestalt dieses Vogels. Er trägt auf seinem Kopf den aufgehenden Mond und eine Scheibe, die Atefkrone, sowie die Kronen des Nordens und des Südens. Im *Totenbuch* wird er mit dem Schreibrohr in der Hand und der Schreiberpalette dargestellt, wobei er auf seinen Tafeln die Vergangenheit der Verstorbenen festhält, deren Herzen vor ihm abgewogen werden.

Es gibt keinen Grund anzunehmen, daß Thot einen totemischen Charakter hatte, da er zu den kosmogonischen oder Naturgottheiten gehörte, die selten oder nie totemisch waren. Eine andere Darstellungsform des Thot ist die eines Pavians, der, wie behauptet wird, die Mächte des Gleichgewichts symbolisiert.

Thot, in seiner typischen Gestalt als Mensch mit einem Ibiskopf, trägt auf seinem Haupt den zunehmenden Mond und die Scheibe des Vollmonds. Er war der Gott der Bücher, Vermessungen und aller geistigen Tätigkeiten.

Thot konnte außerdem die Gestalt eines Pavians annehmen. So wird er durch eine Statue bei Aschmunein dargestellt, einem Ort, der zu einem wichtigen religiösen Zentrum seines Kultes wurde.

Überreste eines hellenischen Tempels
bei Hermopolis. Hermopolis war der
griechische Name für Aschmunein. Die
Verehrung des Thot wurde zur Zeit der
Hellenen unter seinem griechischen
Namen Hermes fortgeführt.

Der Hauptsitz seiner Verehrung war Hermopolis, von dem man annahm, daß Re sich dort zum ersten Mal erhoben hatte. Thot schrieb man die mentalen Kräfte Res zu, und tatsächlich scheint es, daß die Aussprüche Res von seinen Lippen kamen. Er war die Personifizierung der göttlichen Rede. Aber wir gehen schon etwas zu weit. Enthüllen wir zunächst seine einfache Bedeutung, bevor wir die mehr oder minder komplexen Eigenschaften aufzählen, mit denen er in späteren Zeiten überhäuft wurde.

Es ist ziemlich eindeutig, daß Thot ursprünglich ein Mondgott war. Er wird "der große Gott" und "Herr des Himmels" genannt. In frühen Kosmologien ist der Mond der große Regulierer der Jahreszeiten, daher die Ausdrücke "Saatmond", "Wildmond", "Getreide-" oder "Erntemond" usw. Der Mondkalender existierte bereits unverrückbar vor der Einführung der Zeitrechnung anhand der Sonnenumdrehung. Der Mond ist somit der "große Vermesser", und Thot war ein Vermesser, weil er ein Mondgott war. Als Aah-Tehuti symbolisiert er den Neumond, da die Zeit vom ersten Erscheinen des Mondes an gemessen wird. Sein Auge repräsentiert den Vollmond, so wie das Auge des Re die Mittagssonne repräsentiert. Aber es symbolisiert auch das linke Auge Res oder die kalte Hälfte des Jahres, wenn die Sonnenstrahlen nicht so stark sind. Es wird manchmal auch das "schwarze Auge des Horus" genannt, wobei das "weiße Auge" die Sonne ist. Dies verdeutlicht, wie weitgreifend die Eigenschaften der ägyptischen Gottheiten miteinander verflochten wurden. Als Mondgott war er bis zu einem gewissen Grad mit der Feuchtigkeit in Verbindung zu bringen, und im 95. Kapitel des *Totenbuchs* wird von ihm als Regen- und Donnergott gesprochen.

Thot als Seelenerfasser

Thot war in den Augen der ägyptischen Priesterschaft sicherlich als Erfasser der Seelen vor Osiris wichtig. Er hatte dieses Amt aufgrund seiner Schriftkenntnisse inne und wegen seiner Gabe, beurteilen zu können, was

Thot überwacht als Pavian das Abwiegen
des Herzens des Verstorbenen vor den
Augen des Osiris. Eine Reproduktion
des antiken Papyrus von Nebseni.

richtig und im Gleichgewicht war. Und er hatte die Macht, die korrekte Aussprache der Worte festzulegen. Die Sprechweise und die Betonung, mit der die Wörter ausgesprochen wurden, bedeuteten Erfolg oder Mißerfolg sowohl beim Gebet als auch bei magischen Beschwörungen. Dieses Geheimnis brachte Thot den Menschen bei, und es war vor allem das, was die Ägypter lernen wollten. Mittels der Formeln des Thot öffneten sich dem Toten die Tore des Duat, und sie beschützten ihn vor dessen Grausamkeiten. Das *Totenbuch* wurde denn auch als das "Buch des Thot" betrachtet, wie auch das sehr viel spätere *Buch des Atmens*. Die griechischen Gelehrten, die sich mit Ägypten beschäftigten, hielten Thot, den sie Hermes Trismegistos oder den dreifach Großen nannten, für die Hauptquelle allen Lernens und aller Weisheit. Sie schrieben ihm die Erfindung der Astronomie und der Astrologie, der Mathematik, der Geometrie und der Medizin zu. Auch die Buchstaben des Alphabets, aus denen die nachfolgenden Künste des Lesens und des Schreibens entsprangen, waren seine Erfindung.

MAAT

Die Göttin Maat ähnelt Thot sehr und wurde in der Tat als dessen weibliches Gegenstück angesehen. Sie war eine der Gründergöttinnen, denn als das Boot des Re auf den Wassern des ursprünglichen Abgrundes Nun zum ersten Mal heraufkam, hatte sie einen Platz darin an der Seite Thots. Sie wird durch die Straußenfeder symbolisiert, die sie entweder hält oder als Kopfschmuck trägt: Es ist anzunehmen, daß die Gleichmäßigkeit der Feder und ihre Aufteilung in zwei Hälften sie zu einem passenden Symbol von Balance oder Gleichgewicht machten. Der Name Maat bedeutet "Das, was aufrecht ist". Unter den alten Ägyptern bezeichnete es alles, was wahr, ursprünglich oder richtig war. Demnach war die Göttin die Verkörperung von Gesetz, Ordnung und Wahrheit. Sie zeigte die Regelmäßigkeit an, mit der Re im Himmel auf- und niederstieg, und schrieb mit Hilfe Thots seinen täglichen Verlauf für ihn nieder. In dieser Eigenschaft wird sie "die Tochter des Re" oder auch "das Auge des Re" genannt. Als die Verkörperung der Gerechtigkeit verfügte sie über immense und unerbittliche moralische Macht. In der Tat wurde sie als die Fee angesehen, von der jedermann seinen gerechten Lohn erhielt. Sie saß in einer Halle in der Unterwelt, deren Tür von Anubis bewacht wurde, um sich die Geständnisse der Toten anzuhören. Die Toten mußten zweiundvierzig Assessoren oder Richter in dieser Halle zufriedenstellen, woraufhin sie weiter zu Osiris gingen, dem sie versicherten, sie hätten "Maat erledigt" und wären von ihr gereinigt worden.

Die Göttin Maat ist die Personifizierung der Ordnung, der Wahrheit und der Gerechtigkeit – Konzepte, die im wohlgeordneten Ägypten hoch geschätzt wurden.

RE

Re, der große Sonnengott, scheint von frühester Zeit an eine herausragende Position im ägyptischen Pantheon eingenommen zu haben. In späteren Zeiten schienen die Ägypter geglaubt zu haben, daß sein Name in irgendeiner Weise mit der Schöpfung zu tun hatte. Die Sonnenverehrung hat in Ägypten sehr alte Wurzeln, und es besteht die Möglichkeit, daß einige dieser Sonnenkulte zum Re-Kult verschmolzen sind. Sicherlich ist dies mit dem Kult des Falkengottes Heru oder Horus geschehen. Beide Götter werden üblicherweise mit dem Körper eines Mannes und dem Haupt eines Falken dargestellt, aber manchmal zeigen sie auch die Gestalt dieses Vogels. Der Falke wurde in Ägypten von frühester Zeit an mit der Sonne

identifiziert. Sein Sehvermögen und die Höhen, die er zu erreichen in der Lage ist, waren möglicherweise die Gründe für diese Assoziierung mit dem großen Himmelskörper des Tages. Doch in vielen Ländern symbolisieren Himmelsvögel, die nach Freiheit streben, die Sonne. Es ist seltsam, daß wir den Vogel und die Schlange in dem mexikanischen Gott Quetzalcoatl genauso vereint finden, wie in gewissem Maße auch in Re, der als sein Symbol die von der Schlange Chut eingekreiste Sonnenscheibe trägt.

Die Ägypter hatten viele verschiedene Auffassungen darüber, wie die Sonne den Himmel überquerte. Sie glaubten beispielsweise, daß die Sonne in einem Gespann aus Booten oder Schiffen über die wässrige Masse des Himmels segelte. Demnach besetzte die aufgehende Sonne das Schiff Manzet, was "stark werden" bedeutet, und die Abendsonne wurde auf dem Schiff Mesektet, was "schwach werden" bedeutet, zum Ort des Untergangs transportiert; beides waren allegorische Bezeichnungen für die auf- und untergehende Sonne. Der endgültige Weg des Re über den Himmel ist zum Zeitpunkt der Schöpfung von der Göttin Maat, die Recht und Ordnung verkörperte, festgelegt worden.

Die tägliche Reise das Re wurde von einer Gruppe freundlicher Götter begleitet, die sein Schiff zum Ort der untergehenden Sonne navigierten, wobei die Strecke von Thot und Maat bestimmt wurde, während Horus als Steuermann und Kommandeur fungierte. Auf jeder Seite des Bootes schwamm einer der Pilotfische, Abtu und Ant genannt, aber trotz des Beistandes seiner Mitgötter wurde das Boot Res ständig von den fürchterlichsten Monstern und Dämonen belagert, die versuchten, die erfolgreiche Überfahrt durch jedes nur erdenkliche Hindernis auf dem Weg zu verhindern.

Mit Abstand den größten Erfolg hatte dabei die Schlange Apep (Apophisschlange), die die Dunkelheit und die Nacht verkörperte und über die wir viele Informationen dem *Buch zur Überwindung Apeps* entnehmen können, das Sprüche und andere Anweisungen zur Vernichtung des Ungeheuers enthält, welche täglich im Tempel von Amun-Re in Theben rezitiert wer-

Der Sonnengott Re (gegenüber links), durch den Falkenkopf repräsentiert, der häufig auch benutzt wurde, um Horus abzubilden, in einem Relief aus dem Tempel von Sobek, dem Krokodilsgott, bei Kom Ombo. Er wird durch die Sonnenscheibe auf seinem Kopf erkennbar.

Die Sonnenbarke des Re, eine der vielen, von denen man annahm, daß die Sonne darin den Himmel überquerte. Aus einem Wandgemälde bei Abydos.

Der falkenköpfige Re trägt auf seinem Kopf die Sonnenscheibe, die wiederum von der Schlange Chut umschlungen ist. Der Re-Kult nahm nach und nach ab, als Osiris viele seiner Eigenschaften übernahm.

den. Darin wird von Apep als Krokodil und als Schlange gesprochen, und es wird beschrieben, wie sie mit Hilfe geheimer Magie mit Speeren erstochen, mit Messern erdolcht, geköpft, geröstet und schließlich vom Feuer aufgezehrt werden kann – mitsamt ihrer bösen Mitläuferschar. Diese magischen Handlungen wurden pünktlich Tag für Tag durchgeführt, und man nahm an, daß sie in großem Maße die Reise des Sonnengottes unterstützten.

Die primitive Natur der Sonnenanbetung enthält Elemente, die ihr erlauben, dort zu überleben, wo viele andere fortschrittlichere und kompliziertere Kulte erliegen. Den ägyptischen Bauern, so ließe sich annehmen, müßte die Sonne als der Gott par excellence erscheinen, als der große Beleber und Befruchter; stattdessen präsentiert sich der Re-Kult in einem mehr oder minder aristokratischen theologischen System, zumindest was frühere Zeiten angeht; für den Kult des Volkes müssen wir zur Osirisverehrung zurückkehren. Dies wird durch den ägyptischen Glauben belegt, daß das Paradies des Re eine weitaus spirituellere Sphäre war als das des Osiris, das reines materielles Vergnügen versprach. Diejenigen, die glücklich genug waren, um sich den Himmel des Sonnengottes zu verdienen, wurden in Licht gekleidet und auch ihre Nahrung wurde als "hell" bezeichnet. Das Paradies des Osiris hingegen bestand aus geselligem Zusammensein und Festivitäten mit Osiris. Da die ägyptische Denkweise stark materialistisch geprägt war, bevorzugte sie eindeutig das Konzept eines "Rohrfeldes" und eines "Friedensfeldes", wo die Menschen die guten Dinge und weltliche Bequemlichkeiten genießen konnten, die sie sich auf Erden so sehr wünschten, anstelle der immateriellen Sphäre des Re.

Re und Osiris

Über mehrere Jahrhunderte hinweg führten die Priesterschaften des Re und des Osiris einen großen Kampf untereinander, aber am Ende gewannen die Glaubenselemente um letztere Gottheit den Vorrang, und er übernahm Titel, Macht und Eigenschaften des großen Sonnengottes. Später wurde möglicherweise das Konzept eines Mond- und Sonnengottes in seiner Person verschmolzen. Die Osirisverehrung hatte im wesentlichen afrikanischen und ägyptischen Charakter, aber es gibt gute Gründe anzunehmen, daß der Re-Kult viele fremde Elemente besaß, möglicherweise westasiatischer Herkunft, was die offensichtliche Kälte, die das ägyptische Volk seiner Anbetung entgegenbrachte, erklären mag. Seine Stadt Heliopolis hatte viele ursprünglich asiatische Bewohner, und das mag bis zu einem gewissen Grad die Einführung gewisser Glaubenslehren erklären, die den Ägyptern unannehmbar erschienen.

Es besteht kein Zweifel, daß in der Aristokratie der Ägypter Re mindestens den Rang des Schöpfers und Vaters der Götter bekleidete. Osiris stand zu ihm in dem Verhältnis eines Sohnes. In der Tat könnte man das Verhältnis der beiden Götter so ansehen, wie das des christlichen Gottvaters und des Sohnes, und so wie in bestimmten Theologien die Figur des Sohnes die des Vaters überschattet hat, so überschattete Osiris Re.

Der Gott Atum oder Tem, ursprünglich die lokale Gottheit von Heliopolis, wurde in der dynastischen Zeit für eine Form Res gehalten und für die Personifizierung der untergehenden Sonne. Atum war einer der ersten Götter der Ägypter. Er segelt auf Abbildungen im Boot des Re, mit dem er in frühen Zeiten deutlich als Re-Atum vereinigt war. Er erscheint als ein Gott, der viele Übereinstimmungen zu Re aufwies, und es scheint, daß er später ebenfalls mit Osiris identifiziert wurde. In der Legende von Re und Isis sagt Re: "Am Morgen bin ich Chepre, um Mittag Re und am Abend Atum", was zeigt, daß der Tag für die Ägypter aus drei Teilen bestand, denen jeweils eine spezielle Form des Sonnengottes vorstand. Atum wurde in einer seiner Gestalten als Schlange verehrt, eine durchaus gewöhnliche Form für einen Sonnengott, da in vielen Ländern die Schlange, die sich in den Schwanz beißt, die Sonnenscheibe symbolisiert.

Der heilige Käfer

Chepre, jene Gestalt von Re, die übriggeblieben ist, wird üblicherweise in menschlicher Gestalt mit einem Käfer auf dem Kopf dargestellt. Die Verehrung des Käfers war altehrwürdig in Ägypten, und wir müssen seine Verschmelzung mit dem Re-Kult priesterlichen Einflüssen zuschreiben. Der Skarabäus rollt seine Eier, nachdem er sie in den ägyptischen Sand gelegt hat, zu einer kleinen Dungkugel zusammen, die er dann mit seinen Hinterbeinen über den Sand zu einem Loch schiebt, das er kurz zuvor gegraben hat, wo die Eier dann von den Sonnenstrahlen ausgebrütet werden. Diese Handlung des Käfers erinnerte die alten Ägypter an das Rollen der Sonne über die Himmelsgewölbe, so daß Chepre, der aufgehende Lichtkörper, durch ihn symbolisiert wurde. Chepre ist eine Gottheit von einiger Bedeutung, denn er wird als Schöpfer oder Vater der Götter bezeichnet. Er wurde auch als eine Art der Wiederauferstehung betrachtet, da er

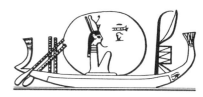

Die Seelen von Re (links) und Osiris, die sich in Busiris treffen. Reproduktion eines Details aus dem Papyrus von Ani.

Der Gott Tem, oder Atum, mit der Doppelkrone Ober- und Unterägyptens, sitzt mit der Sonnenscheibe in der Sonnenbarke. Tem war ein antiker Sonnengott von Heliopolis und wurde vor allem mit dem Sonnenuntergang in Verbindung gebracht.

Der Sonnengott mit dem Käfer Chepre auf seinem Kopf in der Unterwelt. Chepre wurde als Symbol für die aufgehende Sonne angesehen.

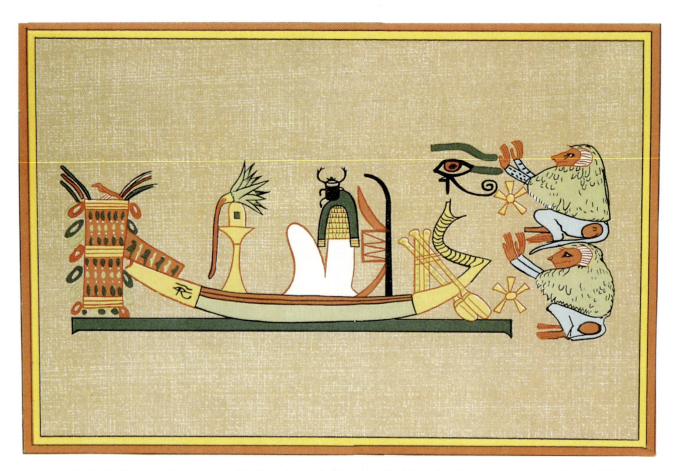

Der heilige Käfer Chepre in der Sonnenbarke. Chhepre wurde als eine andere Form des Re angesehen, möglicherweise weil die Angewohnheit des Skarabäus, eine Dungkugel über den Sand zu rollen, an die Bewegung der Sonne über den Himmel erinnert.

die Kugel symbolisierte, die lebende Keime enthält, und möglicherweise auch aus dem Grund, daß sich die aufgehende Sonne jeden Morgen mit der allergrößten Sicherheit aus ihrem Grab erhebt. Die Skarabäen, die man auf ägyptischen Mumien fand, symbolisierten diese Hoffnung auf Wiedergeburt; sie wurden in ägyptischen Gräbern gefunden, die bis zur Zeit der vierten Dynastie zurückreichen.

AMUN

Obwohl der Gott Amun bereits seit der fünften Dynastie zu den ägyptischen Gottheiten gezählt wird, wo er als einer der Götter der Schöpfung erwähnt wird, sollte noch eine große Zeitspanne vergehen, ehe seine Anhänger anfingen, eine so enorme Macht auszuüben, daß sie sich schließlich über ganz Ägypten ausbreiten konnten. Mit Ausnahme von Re und Osiris war die Verehrung des Amun weiter verbreitet, als jede Verehrung eines anderen Gottes im Niltal; aber die Umstände, die hinter seiner Ausbreitung stehen, sind sicherlich eher als politische denn als religiöse Propaganda anzusehen.

Wir wissen nicht, welches seine Eigenschaften im alten Reich waren. Der Name bedeutet "was verborgen ist" oder "was nicht gesehen werden kann", und wir werden in Gebetshymnen und anderen Kompositionen ständig darauf hingewiesen, daß er "seinen Kindern verborgen" sowie "Göttern und Menschen verborgen" ist. Es wurde vorgebracht, daß sich diese Aussagen auf die untergehende Sonne beziehen, aber es gibt einleuchtende Gründe für die Annahme, Amun sei ein Gott, der mit menschlichem Auge nicht gesehen werden kann, der unsichtbar und rätselhaft ist. Es fällt nicht schwer zu glauben, daß die Auffassung einer solchen Gottheit rasch Gefallen unter Priestern und Theologen gefunden haben mag, die

möglicherweise nach einer weniger primitiven Gottheit gesucht hatten, als es die puren symbolischen Systeme waren, die im Land verehrt wurden. Und tatsächlich erscheint die gesamte theologische Geschichte Amuns als die einer Priesterschaft, die entschlossen war, einer sehr materialistisch eingestellten Bevölkerung eine etwas spirituellere Form der Verehrung nahezubringen.

Amun wurde in zahlreichen Formen dargestellt: in Gestalt eines Mannes, der auf einem Thron sitzt, mit dem Kopf eines Frosches und dem Körper eines Mannes, mit einem Schlangenkopf, als Biene und als Löwe. Aber die gewöhnliche Form der Abbildung war die eines bärtigen Mannes, der auf dem Kopf zwei lange und sehr gerade Federn trug, die abwechselnd rot und grün oder rot und blau gefärbt waren. Er ist mit einer leinenen Tunika bekleidet, trägt Armbänder und eine Halskette, und vom Rücken seines Gewandes hängt ein Tierschwanz herab, was darauf hinweist, daß er als Gott auf sehr frühe Zeiten zurückgeht. In einer späteren Gestalt, in der er bereits mit Re verschmolzen ist, trägt er einen Falkenkopf.

Das große Zentrum seiner Verehrung und seines Aufstieges zur Macht war die Stadt Theben, wo in der zwölften Dynastie ihm zu Ehren ein Tempel errichtet wurde. Zu dieser Zeit war er lediglich eine lokale Gottheit, aber als die Prinzen von Theben Macht über ganz Ägypten erlangten, stieg sein Ruf gemeinsam mit ihrem Einfluß, und er wurde in ganz Oberägypten bekannt. Seiner Priesterschaft, die die neuen politischen Umstände nutzte, gelang es, ihn mit Re und seinen Unterarten zu identifizieren, deren sämt-

Der Gott Amun (Mitte) in einem Relief auf dem Eingangspylon des Chonstempels bei Karnak. Amun war der am meisten verehrte ägyptische Gott nach Re und Osiris.

Amun in seiner geläufigsten Form als bärtiger Mann mit seinem unverkennbaren Kopfschmuck aus zwei langen, geraden Federn in rot, grün und blau.

liche Eigenschaften sie Amun zuschrieben; und sie behaupteten darüberhinaus, daß ihr Gott, obwohl er all diese Charakteristika in sich vereinte, noch viel größer und vornehmer sei als sie. Wie wir bereits beobachten konnten, entwickelte sich der Gott der jeweiligen ägyptischen Hauptstadt, solange ihr Einfluß währte, zu einer nationalen Gottheit, und als dieses Los Amun zufiel, zog seine Priesterschaft ihren Vorteil daraus. Als die Hyksos in das Land eindrangen, überstand Amun dank seiner priesterlichen Vorkämpfer den Sturm und wurde aufgrund vernichtender Streitigkeiten zum ägyptischen Gott par excellence. Als das Land sich von seinen Schwierigkeiten erholt hatte und die Dinge wieder ins rechte Lot gerückt wurden, trug der militärische Erfolg der Könige der achtzehnten Dynastie erheblich zu Macht und Glanz des Amun bei, und die Beute aus den besetzten Gebieten Palästina und Syrien füllte seine Tempel.

Osiris konnte als Gott des Volkes nicht ersetzt werden, da er einen zu großen Rückhalt bei der Bevölkerung hatte und sein Kult sowie sein Charakter von zu spezieller Natur waren, als daß sie die Verdrängung durch einen anderen Gott gestattet hätten. Aber der Re-Kult wurde direkt vom Kult des Amun herausgefordert, einem Gott der nicht nur ähnliche Eigenschaften aufwies, sondern dessen Verehrung im ganzen spirituellere Züge trug, als die des großen Sonnengottes. Wir wissen nicht, welche theologischen Auseinandersetzungen um die Frage der Überlegenheit einer der beiden Götter ausgetragen wurden, aber wir wissen, daß letztendlich eine Verschmelzung der beiden stattgefunden hat. Es wäre voreilig zu behaupten, daß diese Verschmelzung von den beiden konkurrierenden Kultanhängern geplant war; es ist wahrscheinlicher, daß ihre Vertreter sich stillschweigend einem schrittweisen Prozeß der Fusion fügten.

Amuns Aufstieg zur Macht

Viele Loblieder auf Amun-Re, vor allem diejenigen, die im Papyrus von Hu-nefer auftauchen, zeigen, wie vollkommen diese Verschmelzung war und mit welcher Geschwindigkeit Amun zu Einfluß gekommen ist. Innerhalb eines Jahrhunderts wurde aus dem lokalen Gott der Träger des Titels "König der Götter" Ägyptens. Seine Priesterschaft wurde die bei weitem mächtigste und reichste im Land und machte damit selbst dem Königtum Konkurrenz. Die politische Macht seiner Priester kann nur als enorm bezeichnet werden. Sie bestimmten Krieg und Frieden, und als die Ramsesdynastie zu Ende ging, erhielt der Hohepriester des Amun-Re die königliche Macht und institutionalisierte damit die einundzwanzigste Dynastie oder die "Dynastie der Priesterkönige". Aber es gelang ihnen nicht, die Zahlung der Abgaben durchzusetzen, die ihre Vorgänger den umliegenden Ländern abgerungen hatten, und so verarmten sie zusehends. Die Schreine des Gottes verloren an Glanz, da sich niemand um sie kümmerte, und selbst die höheren Priester litten erheblich unter den harten Umständen. Räuberbanden suchten die Umgebung der Tempel heim, und viele der königlichen Gräber wurden geplündert.

Wenn auch ihre Macht dahinschwand, ihre Ansprüche taten es sicherlich nicht, und sogar angesichts des Einfalls der Lybier im Deltagebiet fuhren sie fort, den Glanz des Gottes, dem sie dienten, zu lobpreisen. Wenn wir die Texte und Hymnen über Amun-Re untersuchen, stellen wir fest, daß er als Schöpfer des Universums betrachtet wurde, als der "unbekannte Gott". Alle Eigenschaften des gesamten ägyptischen Pantheons wurden ihm großzügig zugeschrieben, mit Ausnahme derer des Osiris; die Amun-Re-Priester konnten den großen Totengott nicht ersetzen. In einer seiner Erscheinungsformen, der des Chons (Khensu), des Mondgottes, erinnert er natürlich an Osiris, aber wir können nicht behaupten, daß er in dieser Rolle den Gott der Unterwelt in irgendeiner Weise verdrängte.

Der große Amuntempel bei Karnak (gegenüber) mit dem Heiligen See im Vordergrund. Diese große Tempelanlage wurde in einem Zeitraum von mehr als tausend Jahren errichtet.

Amun-Re besetzte die Schreine vieler anderer Götter im Niltal, indem er ihre Eigenschaften absorbierte und schließlich gänzlich ihren Platz einnahm. Eine seiner populärsten Erscheinungsformen war die einer Gans, und in vielen Teilen Ägyptens wurde das Tier um seinetwillen als heilig betrachtet, dasselbe galt für den Widder.

Kleine Figürchen von ihm in ptolemäischer Form haben das bärtige Gesicht eines Mannes, den Körper eines Käfers, die Flügel eines Falken, menschliche Beine mit Zehen und die Klauen eines Löwen. Die gesamte Göttergemeinde (Pesedt) wurde als in Amun vereinigt angesehen, und tatsächlich können wir seinen Kult als einen der ernsthaftesten Versuche der Antike betrachten, ein monotheistisches System zu installieren.

Das Orakel des Jupiter-Ammon

Kein Teil Ägyptens entzog sich dem Herrschaftsgebiet Amun-Res, das sich gen Norden, Süden, Osten und Westen erstreckte und sogar in Syrien, Nubien und anderen von Ägypten abhängigen Gebieten Verzweigungen hatte. Seine machtvollsten Zentren waren Theben, Hermonthis, Koptos, Panopolis, Hermopolis Magna und in Unterägypten Memphis, Sais, Heliopolis und Mendes. In einer der Oasen hatte er in späterer Zeit ein großes Orakel, bekannt als das von Jupiter-Ammon; es handelte sich um einen geheimnisvollen Ort, den die Griechen und Römer aufsuchten, um sich dort den Rat des Gottes zu holen. Hier wurde jede Art priesterlicher Schurkerei betrieben. Ein Götzenbild des Gottes wurde bei Gelegenheit von seinen Priestern durch den Tempel getragen, welches, wenn es bei Laune war, den Gläubigen antwortete, und zwar nicht mit Worten, sondern durch Nicken und Zeigen mit ausgestrecktem Arm. (Wir wissen von den klassischen Autoren, daß die Ägypter wundervolle Fähigkeiten in der Herstellung von Automaten besaßen, und wir haben allen Grund anzunehmen, daß der Gott die Fragen seiner eifrigen Anhänger mittels einer Mechanik beantwortete.) Selbst Alexander der Große stattete dem berühmten Schrein einen Besuch ab, ebenso Lysander und Hannibal.

MUT

Das große weibliche Gegenstück zu Amun-Re war Mut, die "Weltmutter". Sie wird üblicherweise als Frau dargestellt, die die vereinigten Kronen des Südens und des Nordens trägt und in ihrer Hand ein Papyruszepter hält. In einigen Gemälden trägt sie Flügel und in anderen schauen Geierköpfe von ihren Schultern herab. Wie ihr Ehemann wurde sie bei Gelegenheit mit den verschiedensten Attributen geschmückt, egal ob menschlicher oder tierischer Art, möglicherweise um ihre universelle Natur hervorzuheben. Mut hat genau wie Amun eine große Anzahl der Eigenschaften anderer weiblicher ägyptischer Gottheiten aufgesogen. Sie wurde demnach mit Bastet, Nechbet und anderen identifiziert. Selbst Hathor wurde mit ihr identifiziert wie auch Ta-urt und jede andere Göttin, der man mütterliche Eigenschaften zuschreiben konnte. Das Zentrum ihrer Verehrung war Theben, wo ihr Tempel ein wenig südlich vom Schrein Amun-Res zu finden war. Sie wurde zur "Herrin des Himmels" und zur "Königin der Götter" stilisiert, und ihr hieroglyphisches Symbol, ein Geier, wurde auf der Krone jeder ägyptischen Königin abgebildet. Der Tempel der Mut in Theben wurde etwa 1450 v. Chr. von Amunhetep III. gebaut. Sein Zugang wurde mit einer wundervollen Allee aus Sphinxen geschmückt, und man blickte von dort auf einen künstlichen See. Mut war möglicherweise ursprünglich das weibliche Gegenstück zu Nun, der in gewisser Weise mit Amun in Verbindung gebracht wurde. Sie wird in der thebanischen Rezension des *Totenbuchs* nur einmal erwähnt, was doch sehr seltsam erscheint angesichts des Rufes, den sie unter der Priesterschaft des Amun genossen haben muß.

Die Verehrung des Amun setzte sich bis in griechische und römische Zeiten fort, und sein berühmtes Orakel, das Jupiter-Ammon in der Oase Siwa, wurde selbst von Alexander dem Großen und Hannibal aufgesucht.

PTAH

Eine Sphinx auf der Allee, die zum Muttempel in Luxor führt, einem Teil des Komplexes, der von den Griechen gemeinhin Theben genannt wurde.

Ptah war der Größte der Götter aus Memphis. Er personifizierte die aufgehende Sonne oder vielmehr eine Phase davon – das heißt, er repräsentierte den Himmelskörper zu Beginn seines Auftauchens am Horizont oder direkt nach seinem Aufgang. Brugsch nimmt an, daß der Name "Bildhauer" oder "Eingravierer" bedeutet, und da Ptah der Gott des Handwerks war, könnte die Annahme stimmen. Ptah scheint sich von der Zweiten Dynastie bis in späteste Zeiten stets dieselben Charakteristika bewahrt zu

Ein Wandrelief von Ptah zeigt den Gott
in seiner üblichen Gestalt als
mumifizierter Mann.

haben. In frühen Tagen scheint man ihn als einen Schöpfer betrachtet zu haben, oder er wurde sogar möglicherweise mit einem der ersten ägyptischen Schöpfungsgötter verwechselt. Im Pyramidentext des Teti wird von ihm als Besitzer einer "Werkstatt" gesprochen, und der weitere Text läßt die Annahme zu, daß es Ptah war, der neue Boote entwarf, in denen die Seelen der Toten im Duat leben mußten. Aus dem *Totenbuch* erfahren wir, daß er ein großer Metallbearbeiter war, ein meisterhafter Architekt und ein Erfinder von allem nur Erdenklichem im Universum; die Tatsache, daß die Römer ihn mit Vulkan identifizierten, unterstützt unsere Auslegung seiner Eigenschaften.

Es war Ptah, der gemeinsam mit Chnum die Gebote Thots bezüglich der Schöpfung des Universums ausführte. Chnum wurde die Erschaffung der Tiere überlassen, während Ptah Himmel und Erde schuf. Die große Metallplatte, die den Boden des Firmaments und das Dach des Himmels darstellen sollte, wurde von Ptah geschaffen, der auch die Stützen machte, die sie aufrecht hält. Wir stellen fest, daß er ständig mit anderen Göttern assoziiert wird – das heißt, er übernimmt Eigenschaften oder Charakteristika anderer Götter zu bestimmten festgelegten Zwecken. So nimmt er zum Beispiel als Architekt des Universums die Natur des Thot an.

Ptah wird üblicherweise als bärtiger Mann mit kahlem Kopf dargestellt, der in Kleidungsstücke gehüllt ist, die so eng wie ein Leichentuch sitzen. Vom hinteren Teil seines Halses hängt ein Menat, das Symbol des Glücks, und zusammen mit den üblichen Insignien von Königtum und Göttlichkeit hält er das Symbol der Stabilität. Als Ptah-Sokar repräsentiert er die Verbindung von kreativer Macht mit Chaos oder Dunkelheit: Ptah-Sokar ist tatsächlich eine Erscheinungsform des Osiris in seiner Gestalt als Nachtsonne oder totem Sonnengott. Sokar wird als falkenköpfiger Mann in Form einer Mumie wiedergegeben, sein Körper ähnelt dem des Ptah.

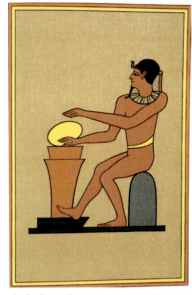

Ptah, der auf seiner Töpferscheibe das Ei der Welt formt. Seine Assoziierung mit dem Handwerk führte unweigerlich dazu, ihn als Schöpfer des Universums anzuerkennen.

Das Boot des Sokar

Während der großen Zeremonien, die diesem Gott gewidmet sind, und besonders an seinem Feiertag wurde ein Sokarboot genanntes Boot bei Sonnenaufgang auf einen Schlitten gehievt, und zwar genau in dem Augenblick, in dem die Sonnenstrahlen langsam anfangen, sich über die Erde auszubreiten. Es wurde dann rund um das Heiligtum gezogen als Akt, der den Umlauf der Sonne symbolisierte. Das Boot wurde die Henubarke genannt und wird auch mehrmals im *Totenbuch* erwähnt. Es erinnerte nicht an ein gewöhnliches Boot, da das eine Ende viel höher war als das andere, und es war in der Form eines Tierkopfes gearbeitet, der dem einer Gazelle ähnelte. Im Zentrum des Gefährts befand sich ein Sarg und darüber ein Falke mit ausgebreiteten Flügeln. In dem Sarg sollte sich der Körper des Osiris oder des toten Sonnengottes befinden. Die Sokar- oder Henubarke war höchstwahrscheinlich eine Form des Mesektetbootes, in dem die Sonne während der zweiten Tageshälfte über den Himmel segelte und in dem sie abends in die Unterwelt eintrat. Obwohl Sokar im antiken Ägypten als Gottheit recht beliebt war, scheint es, daß seine Eigenschaften vollständig von Ptah besetzt wurden. Wir finden außerdem eine dreinamige Gottheit Ptah-Sokar-Asar oder Ptah-Sokar-Osiris, die häufig als Falke auf Särgen und Sarkophagen dargestellt ist. Zur Zeit der zweiundzwanzigsten Dynastie war diese Triade praktisch eins mit Osiris geworden. Er wurde als der "dreieinige Gott der Wiederauferstehung" beschrieben. Es bestehen wenig Zweifel daran, daß die Verschmelzung dieser Götter priesterlichen Einflüssen zu verdanken ist.

Ptah wurde auch mit dem als Tatenen bekannten Gott in Verbindung

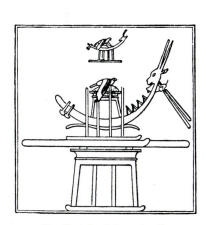

Das Boot des Sokar oder die Henu-Barke – hier auf ihrem Schlitten abgebildet.

gebracht, der üblicherweise in menschlicher Form dargestellt wurde und auf dem Kopf eine Krone mit Straußenfedern trug. Er wurde außerdem als an einer Töpferscheibe sitzend gemalt, auf der er das Ei der Welt drehte. Auf anderen Gemälden hält er einen Krummsäbel, mit dem er die Erde ausgegraben hatte. Tatenen war demnach wahrscheinlich einer der Schöpfungsgötter und aus diesem Grund Ptah gleichgestellt.

BASTET

Bastet, die Bubastis der Griechen, besaß die Eigenschaften der Katze oder Löwin, wobei letztere eine Weiterentwicklung ihres Charakters war. Der Name bedeutet der "Zerschneider" oder "Reißer", und sie wird außerdem als die "Herrin des Sept" betitelt, das heißt als Herrin des Sterns Sothis. Manchmal wurde sie auch mit Isis und Hathor identifiziert. Im Gegensatz zu der ungestümen Sachmet symbolisiert sie die milde, fruchtbare Wärme der Sonne. Die Katze liebt es, sich in den Sonnenstrahlen zu wärmen, und möglicherweise wurde das Tier aus diesem Grund als Symbol dieser Göttin gewählt. Sie verschmilzt mit Sachmet und Re in einer Gottheit, die als Sachmet-Bastet-Re bekannt ist, und als solche wird sie als Frau mit dem Kopf eines Mannes wiedergegeben, aus deren Armen Flügel wachsen und von deren Hals zwei Geier abstehen. Sie hat außerdem die Klauen eines Löwen.

Sie war die Göttin des östlichen Deltagebietes und wurde in Bubastis, Unterägypten, verehrt. Ihre Anbetung in dieser Region scheint bis auf sehr frühe Zeiten zurückzureichen, und obwohl sie in den Pyramidentexten benannt wird, finden wir sie nur gelegentlich im *Totenbuch* erwähnt. Aller Wahrscheinlichkeit nach war sie ursprünglich ein Katzentotem, jedenfalls wurde sie zunächst in der einfachen und reinen Form einer Katze angebetet. Obwohl sie mit dem Feuer und der Sonne in Verbindung gebracht wird, könnte sie auch in gewisser Weise mit der Mondscheibe assoziiert werden, denn ihr Sohn Chons ist ein Mondgott. Katzengötter werden häufig mit dem Mond assoziiert.

Das Bastetfest

Herodot liefert uns eine sehr pittoreske Beschreibung des Festes der Göttin, das in den Monaten April und Mai stattfand. Er berichtet, daß die Bewohner der Stadt Bubastis mit Booten zu dem Fest segelten, wobei sie Trommeln und Tamburine rührten und viel Lärm machten; diejenigen die nichts spielten, klatschten mit den Händen und sangen laut. In der Stadt angekommen, tanzten und feierten sie mit Trinkgelagen und Gesang.

Die Göttin Bastet, hier mit ihrem charakteristischen Löwenkopf dargestellt, wurde in Bubastis in Unterägypten verehrt. In dieser Gegend fand man eine große Anzahl mumifizierter Katzen, die mit der Göttin in Verbindung gebracht wurden.

Es sind uns viele Abbildungen ägyptischer Zerstreuungen erhalten, einschließlich dieser Illustration, die einzelne Tanzschritte erläutert.

CHNUM

In der Stadt Elephantine oder Abu wurde eine große Triade von Göttern in Ehren gehalten. Sie bestand aus Chnum, Satet und Anqet. Die Verehrung des ersteren hat sehr alte Wurzeln. Er hatte immer eine herausragende Stellung eingenommen, und selbst am Ende war er in den Augen der Gnostiker noch von Bedeutung. Chnum war höchstwahrscheinlich ein Gott der vordynastischen Ägypter. Er wurde durch den flachhörnigen Bock symbolisiert, der, so scheint es, von Osten her nach Ägypten gekommen war. Er wird üblicherweise in der Gestalt eines widderköpfigen Mannes mit einer weißen Krone und manchmal der Sonnenscheibe dargestellt. Bei bestimmten Gelegenheiten wurde er gemalt, wie er Wasser über die Erde vergießt, und in anderen mit einem Krug auf seinen Hörnern – ein sicherer Hinweis dafür, daß er in irgendeiner Weise mit Feuchtigkeit in Verbindung gebracht wurde. Sein Name bedeutet "der Erbauer" oder "Hersteller", und es war dieser Gott, der den ersten Mann auf einer Töpferscheibe schuf, der das erste Ei machte, aus dem die Sonne entsprang, der die Körper der Götter schuf und der sie weiter vollendete und erhielt.

Chnum wurde in Elephantine seit undenklichen Zeiten verehrt und war deshalb der Gott des ersten Katarakts. Seine weiblichen Gegenstücke Satet und Anqet wurden als eine Form des Sterns Sept angesehen und als eine lokale nubische Göttin. Aus den Texten geht klar hervor, daß Chnum ursprünglich ein Flußgott war, der wie Hapi als Gott des Nils und der jährlichen Nilflut betrachtet wurde, und es wäre denkbar, daß er und Hapi Nilgötter waren, die von zwei verschiedenen Völkern eingeführt wurden oder von den Bewohnern zweier verschiedener Landesteile. In den Texten bezeichnet man ihn als den "Vater der Väter der Götter und Göttinnen, als Herrn der Dinge, die er selbst geschaffen hat, Schöpfer von Himmel und Erde und dem Duat und dem Wasser und den Bergen"; wir ersehen daraus, daß er wie Hapi mit den Schöpfungsgöttern identifiziert wurde. Er wird manchmal mit vier Widderköpfen auf einem menschlichen Körper wiedergegeben, und da er in sich die Eigenschaften von Re, Schu, Geb und Osiris vereinigt, könnten diese Köpfe für die genannten Götter stehen. Brugsch ging davon aus, daß sie die vier Elemente – Feuer, Luft, Erde und Wasser – symbolisieren. Es ist jedoch kaum nachzuvollziehen, aus welchem Grund dem so sein sollte. In jedem Fall symbolisierte Chnum, wenn er mit vier Köpfen dargestellt wurde, die große ursprüngliche Schöpfungskraft.

Eine Luftaufnahme des Nils, der einen breiten Streifen grünen, fruchtbaren Landes in der ägyptischen Wüste schafft.

HATHOR

Es ist kein einfaches Unterfangen, die mythologische Bedeutung der ägyptischen Göttin Hathor, Patronin der Frauen, der Liebe und des Vergnügens, Herrin des Himmels und Meisterin der Unterwelt, einzuordnen. Sie besetzte eine sehr wichtige Position im Pantheon des alten Ägyptens, die sich bis auf archaische Zeiten zurückdatieren läßt. In Hathor verschmolzen finden wir eine Vielzahl mythologischer Konzepte: Sie ist eine Mondgöttin, eine Himmelsgöttin, die Göttin des Ostens, die Göttin des Westens, eine kosmische Gottheit, die Göttin der Landwirtschaft, die Göttin der Feuchtigkeit und bei Gelegenheit eine Sonnengottheit. Obwohl ihr ursprünglicher Status etwas im Dunkeln liegt, kann man – aus Gründen, die später näher ausgeführt werden, – annehmen, daß sie zunächst eine Mondgöttin war.

Die ursprüngliche Gestalt, in der Hathor verehrt wurde, war die einer Kuh. Später wird sie als Frau mit einem Kuhkopf dargestellt und schließlich

Abenddämmerung auf der Insel Elephantine (gegenüber), einem der wichtigsten Zentren der Chnumverehrung, dem widderköpfigen Gott der Nilkatarakte.

Hathor, die Göttin der Frauen, der Liebe und des Vergnügens, wurde ursprünglich in Gestalt einer Kuh verehrt, wie in dieser Abbildung auf dem Papyrus von Ani. In späteren Darstellungen erhielt sie einen Kopfschmuck, der an Kuhhörner erinnert, die die Mondscheibe halten.

mit einem menschlichen Kopf mit breitem Gesicht, freundlich, sanft und entschieden kuhhaft, manchmal hält sie die Ohren oder Hörner des Tieres, das sie repräsentiert. Sie wird außerdem mit einem Kopfschmuck gezeigt, der einem Paar Hörnern gleicht, zwischen denen die Mondscheibe befestigt ist. Manchmal finden wir sie in der Gestalt einer Kuh in einem Boot stehend, umgeben von hohem Papyrusrohr. In der Mythologie wird die Kuh oft mit dem Mond identifiziert, möglicherweise wegen seines hornhaften Aussehens zu bestimmten Jahreszeiten. Die Tatsache, daß Hathor als Kuh manchmal in einem Boot gezeigt wird, legt nahe, daß sie ebenfalls eine Wassergöttin war, und erhöht die Wahrscheinlichkeit, daß sie mit dem Mond identifiziert wurde, denn letzterer galt bei den Ägyptern als Quelle aller Feuchtigkeit.

Der Name Hathor bedeutet "Haus des Horus" – was sich auf den Himmel bezieht – und es besteht kein Zweifel, daß Hathor als eine Himmelsgöttin betrachtet wurde oder als die Göttin des östlichen Himmels, wo Horus geboren wurde; sie ist außerdem mit dem Nachthimmel und dem Abendhimmel gleichgesetzt worden. Wenn wir sie als Mondgöttin

Ein Aufseher am Eingang des Hathortempels bei Abu Simbel. Im Innern des Sanktuariums beschützt eine Hathorstatue eine weitere Statue des Pharaos Ramses II.

betrachten, wird jedenfalls ein großer Teil der sie betreffenden Mythologie klar. Man spricht beispielsweise häufig von ihr als dem "Auge des Re", wobei Re, der Sonnengott, in diesem Moment möglicherweise in einer breiteren Auslegung als Himmelsgott zu verstehen ist. Sie wird außerdem als "die Goldene" bezeichnet, die hoch im Süden als die Herrin von Teka steht und den Westen als die Herrin von Sais erleuchtet. Daß sie als Gebieterin der Unterwelt gilt, ist ebenfalls nicht verwunderlich, wenn wir annehmen, daß sie mit dem Mond identisch ist, denn ist es nicht der Mond, der eine tägliche Wallfahrt durch Amuntet macht? Ebensowenig erstaunt es, daß eine Göttin der Feuchtigkeit und der Vegetation sich in der Unterwelt befindet, wo sie unter den Seelen der Toten Wasser von Palm- oder Sykomorenzweigen verteilt.

Der Hathortempel bei Abu Simbel, der sorgfältig abgetragen und an einem höhergelegenen Ort wiederaufgebaut wurde, als man 1968 den Assuanstaudamm baute. Ramses II. ließ ihn für seine Gattin Nefertari bauen. Der Eingang enthält vier zehn Meter hohe Statuen des Pharaos und zwei seiner Frau.

Hathor als Liebesgöttin

Obwohl Hathor als die Liebesgöttin angesehen wurde, wurden auch anderen Göttinnen einige ihrer Eigenschaften zugesprochen: hier wird Thutmosis III. von der beschützenden Skorpiongöttin Selket umarmt. Eine moderne Reproduktion eines ägyptischen Originals.

Mit derselben Hypothese können wir die etwas paradoxe Behauptung, daß Hathor "Mutter ihres Vaters, Tochter ihres Sohnes" ist – daß sie also Mutter, Frau und Tochter Res ist – erklären. Der Mond [1], wenn er am Himmel vor der Sonne auftaucht, mag als deren Mutter erscheinen, wenn er gemeinsam mit der Sonne auftritt, als deren Frau; wenn er aufgeht, nachdem die Sonne untergegangen ist, als deren Tochter. Es war das Ideal der Weiblich-

[1] Sowohl in der ägyptischen Mythologie als auch im englischen Original des vorliegenden Buches ist der Mond weiblichen und die Sonne männlichen Geschlechts. Das sprachliche Paradoxon tritt erst durch die Übertragung ins Deutsche auf. (*Anm. d. Ü.*)

keit – Mutter, Frau und Tochter – um dessentwillen Hathor von den ägyptischen Frauen verehrt wurde und weswegen sie die Schutzgöttin der Liebe, Freude und des Glücklichmachens wurde; "Herrin der Musik und Meisterin des Gesangs; Herrin des Tanzes und Meisterin im Girlandenwinden". Ihr zu Ehren wurden Tempel errichtet, vor allem einer von herausragender Schönheit in Dendera, Oberägypten, und sie hatte viele Schreine. Mit der Zeit wurde sie mit vielen lokalen Göttinnen in Verbindung gebracht, und man sagte, daß alle ägyptischen Göttinnen Formen der Hathor wären.

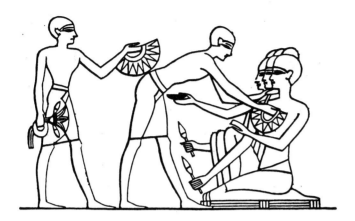

Blumengirlanden bildeten einen wichtigen Bestandteil ägyptischer Gastfreundschaft, wie in dieser Abbildung von Dienern, die die Gäste des Hauses schmücken.

Als Wächterin der Toten erscheint Hathor als Kuh, die vom Berg des Westens aufsteigt; sie wird außerdem auf seinem Gipfel stehend wiedergegeben, wo sie die untergehende Sonne empfängt und die Seelen der Toten (letztere reisen in den Fußspuren des Sonnengottes). In diesem Fall könnte man Hathor als den westlichen Himmel ansehen, aber die Sage könnte ebenso für den Mond gelten, der manchmal nach Sonnenuntergang "auf dem Berg des Westens steht", mit Hörnern, die an ausgestreckte Hände erinnern, welche die unsichtbaren Seelen willkommen heißen.

Als sie als Tochter des Re geboren wurde (ihre Mutter war Nut, die Himmelsgöttin), war Hathor fast schwarz. Dies könnte auf eine äthiopische Herkunft hindeuten, oder es mag bedeuten, daß sie den Nachthimmel repräsentierte, der sich mit dem Fortschreiten des Tages erhellt. Es ist genauso gut möglich, sie als Symbolisierung des Mondes anzusehen, der schwarz geboren wird, dann nur eine schmale Sichel zeigt, der aber mit zunehmendem Alter immer größer wird.

Die Gestalten der Hathor

Hathor wird manchmal mit dem Stern Sept oder mit Sothis (Sirius) gleichgesetzt, der sonnengleich am ersten Tag des Monats Thot aufging. Als Re sein Boot bestieg, nahm Sothis oder die Göttin Hathor wie eine Krone auf seinem Kopf Platz. Die Griechen identifizierten sie mit Aphrodite und die Ägypter mit einer Vielzahl lokaler Gottheiten. Die sieben Hathors, von denen manchmal behauptet wird, sie seien unabhängig voneinander, waren in Wirklichkeit nichts anderes als eine Auswahl von Gestalten der Göttin, welche von Ort zu Ort variierte. Die sieben in Dendera verehrten Hathors waren die Hathor von Theben, die Hathor von Heliopolis, die Hathor von Aphroditopolis, die Hathor der Halbinsel Sinai, die Hathor von Momemphis, die Hathor von Herakleopolis und die Hathor von Keset. Diese waren als junge Frauen dargestellt, die Tamburine und Hathors Haarschmuck aus einer Scheibe und einem Paar Hörner trugen. In den Litaneien des Sokar werden andere Gruppen von Sieben Hathors erwähnt.

Die heilige Barke des Amun wird vor
Ramses II. und die Königin Nefertari
getragen: eine moderne Wiedergabe
eines Reliefs der inneren Halle des
großen Tempels von Abu Simbel,
Gegenstück des Hathortempels.

DRITTES KAPITEL

DIE MYTHEN
IM OSIRIS-ZYKLUS

DER OSIRISMYTHOS

Nut, die Himmelsgöttin, war die Gattin Res. Nichtsdestotrotz wurde sie von Geb geliebt, dessen Zuneigung sie erwiderte. Als Re die Untreue seiner Frau entdeckte, wurde er wahrhaftig wütend und sprach einen Fluch über sie, der besagte, daß die Kinder, die sie von Geb empfangen hatte, in keinem bekannten Monat oder Jahr geboren werden sollten.

Nun konnte der Fluch des mächtigen Re nicht abgewendet werden, denn Re war der Oberste aller Götter. In ihrer Verzweiflung wandte sich Nut an den Gott Thot, der sie ebenfalls liebte. Thot wußte, daß der Fluch des Re in Erfüllung gehen mußte, doch mittels einer äußerst gerissenen Strategie fand er einen Weg aus der Notlage.

Er ging zu der Mondgöttin, deren Licht mit dem der Sonne konkurrierte, und forderte sie zu einer Partie Backgammon heraus. Die Einsätze waren auf beiden Seiten hoch, aber die Göttin setzte auch einen Teil ihres Lichtes ein, und zwar je den siebzehnten Teil ihrer Strahlungen, und verlor. So kam es, daß ihr Licht zu bestimmten Zeiten schwächer wird und dahinschwindet, so daß der Mond nicht länger ein Rivale der Sonne ist.

Aus dem Licht, das er von der Mondgöttin gewonnen hatte, schuf Thot fünf Tage, die er dem Jahr dazuaddierte (das Jahr hatte zu dieser Zeit dreihundertsechzig Tage), dergestalt, daß sie weder zu dem vorangegangenen noch zu dem folgenden Jahr gehörten, noch zu irgendeinem Monat. In diesen fünf Tagen wurde Nut von ihren fünf Kindern entbunden. Osiris wurde am ersten Tag geboren, Horus am zweiten, Seth am dritten, Isis am vierten und Nephthys am fünften. Am Geburtstag des Osiris gewahrte man eine laute Stimme überall auf der Welt, die sagte: "Der Herr der Erde ist geboren!"

Im Laufe der Zeit wurde diese Osiris betreffende Vorhersage erfüllt, und er wurde ein großer und weiser König. Das Land Ägypten erblühte unter seiner Regierung wie niemals zuvor. Er setzte sich selbst zum Ziel, sein Volk zu zivilisieren, das bis zu seiner Ankunft sehr barbarisch gelebt hatte und sich in Kannibalismus und anderen, ähnlichen Praktiken erging. Er gab ihnen Gesetze, brachte ihnen die Kunst der Landbestellung bei und zeigte ihnen die richtigen Riten zur Verehrung der Götter. Und nachdem es ihm gelungen war, Recht und Ordnung in Ägypten einzuführen, brach er in entferntere Länder auf, um dort sein Werk der Zivilisierung fortzuführen. Er war so freundlich und gut, ein solch geduldiger Lehrer, daß die Menschen dieser Länder den Boden verehrten, auf dem er wandelte.

Osiris, der große und weise mythologische König Ägyptens, von Isis und Nephthys umarmt und umgeben von Bildern anderer Götter. Aus einem Basrelief bei Philae.

Eine eindrucksvolle Aufnahme des Sonnenuntergangs über den Pyramiden von Giza (gegenüber). Der Sonnengott Re war der gehörnte Ehemann von Nut, der Himmelsgöttin und Mutter von Osiris, Horus dem Älteren, Seth, Isis und Nephthys.

Seth, der Feind

Er hatte, trotz allem, einen bitteren Feind in seinem Bruder Seth. Während seiner Abwesenheit regierte seine Frau Isis das Land so gut, daß es dem boshaften Seth nicht gelang, seine Intrigen, die ihn an die Regierung bringen sollten, zu verwirklichen. Aber bei der Rückkehr des Königs schmiedete Seth einen Plan, durch den er sich endgültig vom König, seinem Bruder, befreien wollte. Um sein Ziel zu erreichen, verbündete er sich mit Aso, der Königin Äthiopiens, und zweiundsiebzig anderen Verschwörern. Dann, nachdem er heimlich den Körper des Königs vermessen hatte, stellte er einen wundervollen Sarkophag her, reich verziert und geschmückt, der exakt den Körper des Osiris aufnehmen konnte. Dann lud er seine Komplizen und seinen Bruder, den König, zu einem großen Fest ein.

Nun war Osiris regelmäßig von der Königin gewarnt worden, sich vor Seth in acht zu nehmen, aber da er selbst nichts Böses in sich hatte, fürchtete er die anderen nicht, also ging er zu dem Bankett. Als das Fest vorüber war, ließ Seth den wunderschönen Sarkophag in den Festsaal bringen und sagte, wenn auch im Spott, daß er dem gehören möge, der hineinpasse. Einer nach dem anderen der Gäste legte sich in den Sarkophag, aber er paßte keinem, bis zu dem Moment, als die Reihe an Osiris kam. Ohne den geringsten Verdacht, daß es sich um eine Falle handeln könnte, legte der König sich in den großen Kasten. Innerhalb eines Augenblicks hatten die Verschwörer den Deckel zugenagelt und gossen kochendes Blei darüber, um jede Öffnung zu versiegeln. Dann gaben sie den Sarg auf der Höhe der tanaischen Mündung den Fluten des Nils preis. Dies geschah, so sagen einige, in Osiris' achtundzwanzigstem Lebensjahr; andere behaupten, es war das achtundzwanzigste Jahr seiner Herrschaft.

Als die Nachricht Isis erreichte, wurde sie vom Kummer überwältigt, sie schnitt sich eine Locke ihres Haares ab und zog sich Trauerkleidung an. Wohlwissend, daß die Toten nicht ruhen können, solange ihre Körper nicht entsprechend den Beerdigungsriten beigesetzt wurden, zog sie aus, um ihren Ehemann zu finden. Lange Zeit blieb ihre Suche erfolglos, obwohl

Der wunderschöne Sarg, den Seth Osiris präsentierte, zeigt die Hingabe, mit der Sarkophage im alten Ägypten konstruiert und dekoriert wurden. Hier zu sehen der reich dekorierte Sarkophag von Amenophis II. aus dem Tal der Könige.

sie jeden Mann und jede Frau, die sie traf, fragte, ob sie nicht den reich dekorierten Sarkophag gesehen hätten. Zum Schluß ergab es sich, daß sie einige Kinder befragte, die am Nil spielten, und zufällig konnten sie ihr sagen, daß der Sarkophag von Seth und seinen Komplizen zu der tanaischen Mündung des Nils gebracht worden war. Von dem Zeitpunkt an glaubten die Ägypter, daß Kinder über eine besondere Hellsichtigkeit verfügen.

Die Tamariske

Dank der Befragung von Dämonen hatte die Königin erfahren, daß der Sarkophag bei Byblos ans Ufer geschwemmt und von den Wellen in einen Tamariskenbusch geschleudert worden war, der sich auf wunderbare Weise in einen prachtvollen Baum verwandelt hatte und den Sarg des Osiris in seinem Stamm einschloß.

Melkanthus, der König dieses Landes, der erstaunt über die Größe und Schönheit des Baumes war, ließ ihn fällen und aus seinem Stamm einen Pfeiler machen, der das Dach seines Palastes stützen sollte. In diesem Pfeiler verbarg sich nun der Sarg mit dem Körper des Osiris.

Isis begab sich mit höchster Eile nach Byblos, wo sie sich an einem Brunnen niederließ. Sie sprach mit niemandem ein Wort, bis die Jungfern der Königin auftauchten, an die sie sich mit großer Anmut wandte, ihnen die Haare flocht und sie mit ihrem Atem parfümierte, der süßer war als der Duft von Blumen. Als die Jungfern zum Palast zurückkehrten, wollte die Königin wissen, wie es kam, daß ihr Haar und ihre Kleider so köstlich

Der Sarkophag des Osiris zu Füßen eines Tamariskenbusches (in einigen Versionen ist es ein Erikabaum), flankiert von Isis und Nephthys. Aus einem Basrelief bei Dendera.

Musikantinnen und Mägde auf einem Wandgemälde im Grab des Nakht in Luxor; das anmutige Verhalten Isis' gegenüber solchen Dienerinnen der Königin Astarte führte dazu, daß die Königin sie in ihrem Haus aufnahm.

duften, und sie erzählten von ihrer Begegnung mit der schönen Fremden. Die Königin Astarte befahl, die Fremde in den Palast zu führen, begrüßte sie herzlich und machte sie zum Kindermädchen eines der jungen Prinzen.

Der Kummer der Isis

Isis fütterte den Jungen, indem sie ihm ihren Finger zum Saugen überließ. Jede Nacht, wenn alle sich zum Schlafen zurückgezogen hatten, legte sie große Holzstücke auf das Feuer und legte das Kind dazwischen, und dann, nachdem sie sich in eine Schwalbe verwandelt hatte, zwitscherte sie traurige Klagelieder für ihren toten Mann.

Der mumifizierte Körper des Osiris auf dem Rücken des Krokodilgottes Sobek. Isis steht auf der linken Seite, während ein Abbild des wiederauferstandenen Osiris gemeinsam mit seinem Sohn Horus dem Kind (Harpokrates) in der Sonnenscheibe sitzt.

Gerüchte über diese seltsamen Praktiken drangen durch die Jungfern der Königin an das Ohr ihrer Herrin, die entschied, sich selbst davon zu überzeugen, ob etwas Wahres daran war. So verbarg sie sich in der großen Halle, und als die Nacht kam, verriegelte Isis die Türen, stapelte Holz auf das Feuer und legte das Kind zwischen die glühenden Scheite.

Die Königin stürzte mit einem lauten Aufschrei hervor und rettete ihren Sohn vor den Flammen. Die Göttin tadelte sie streng und erklärte, daß sie mit dieser Tat dem Jungen die Unsterblichkeit genommen hätte. Dann offenbarte Isis der schreckerfüllten Astarte ihre Identität und erzählte ihre Geschichte mit der Bitte, man möge ihr den Pfeiler geben, der das Dach stützte. Als ihrem Ansinnen nachgegeben wurde, schnitt sie den Baum auf, nahm den Sarg mit dem Körper des Osiris heraus und klagte darüber so laut, daß einer der jungen Prinzen vor Schreck starb. Dann nahm sie den Kasten übers Meer mit nach Ägypten, wobei sie vom ältesten Sohn des Königs Melkanthus begleitet wurde. Der Baum, der einst den Körper des Gottes enthalten hatte, wurde in Byblos lange bewahrt und verehrt.

Als Isis in Ägypten angekommen war, öffnete sie den Sarg und weinte lange und bitterlich über den Überresten ihres königlichen Gemahls. Aber dann dachte sie an ihren Sohn Horus, den sie in Buto gelassen hatte. Sie ließ den Sarg an einem geheimen Ort und zog los, um Horus zu suchen. Währenddessen entdeckte Seth auf seiner Jagd nach dem Mondlicht den reichverzierten Sarg und in seiner Wut riß er den Körper in vierzehn Stücke, die er über das Land verstreute.

Als Isis von dieser neuen Schandtat an dem Körper des Gottes erfuhr, nahm sie ein Boot aus Papyrusrohr und begab sich ein weiteres Mal auf die Suche nach den Überresten ihres Mannes. Aus diesem Grunde ließen die Krokodile jedes Papyrusboot unberührt, denn es könnte ja die Göttin enthalten, die stets auf ihrer verzweifelten Suche war. Jedesmal wenn Isis einen Teil des Körpers fand, begrub sie ihn und errichtete einen Schrein, um den Ort zu markieren. Aus diesem Grund gibt es so viele Grabmäler des Osiris in Ägypten.

Die Rache des Horus

Zu dieser Zeit hatte Horus die volle Männlichkeit erlangt, und Osiris, der aus dem Duat zurückkehrte, wo er als König der Toten regierte, ermutigte ihn, das Böse, das man seinen Eltern angetan hatte, zu rächen. Horus kämpfte daraufhin gegen Seth, wobei der Sieg mal dem einen, mal dem anderen zufiel. Einmal wurde Seth von seinem Feind gefangen genommen und zur Überwachung Isis anvertraut, die ihn jedoch, zum Erstaunen und zur Entrüstung ihres Sohnes, auf freien Fuß setzte. Horus war so wütend, daß er seiner Mutter die Krone vom Kopf riß. Thot gab ihr jedoch einen

Helm in Form eines Kuhkopfes. (Eine andere Version besagt, daß Horus seiner Mutter den Kopf abschlug, den Thot, der Zauberer, ihr wieder ansetzte, jedoch in der Form eines Kuhkopfes.) Horus und Seth, so sagt man, kämpfen nach wie vor einer mit dem anderen, aber keiner von beiden hat bislang den endgültigen Sieg errungen. Sollte Horus schließlich seinen Feind vernichten, so wird Osiris auf die Erde zurückkehren und ein weiteres Mal als König über Ägypten regieren.

Boote aus Papyrusrohr, mit antiken Techniken im modernen Dorf der Pharaonen in Kairo nachgebildet. Isis nahm ein solches Boot, um sich erneut auf die Suche nach den Überresten des Osiris zu machen.

DAS SCHWARZE WILDSCHWEIN

Eines Tages suchte Horus Re mit der Bitte auf, ihn die Zukunft in seinen Augen lesen zu lassen. Re, in seiner Liebe zu Horus, dem von den Göttern und Menschen Geliebten, gestattete ihm diese Bitte bereitwillig. Während sie miteinander plauderten, schaute ihnen ein schwarzes Wildschwein zu, ein riesiges, finsteres Tier von wildem Aussehen und mit Augen, die vor Arglist und Grausamkeit glänzten. Obwohl weder Re noch Horus sich dessen bewußt waren, war das schwarze Wildschwein Seth darselbst, der die Macht hatte, die Form jedes beliebigen Tieres anzunehmen. "Was für eine böses Ungeheuer!" rief Re, als er das Tier erblickte.

Horus wandte ebenfalls seine Blicke in Richtung des schwarzen Wildschweines, in dem er immer noch nicht seinen Feind erkannte. Das war Seths Gelegenheit. Er schoß dem Gott einen Feuerstrahl direkt in die Augen.

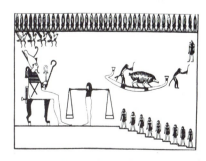

Der böse Seth als schwarzes Wildschwein: Hier sitzt Osiris zu Gericht, während Seth als Wildschwein in einem Boot vorbeifährt.

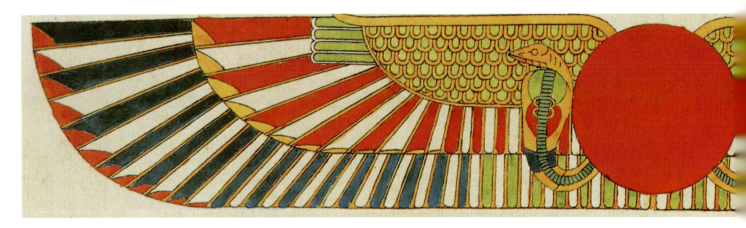

Horus war halbverrückt von der Wucht der Schmerzen. "Das hat mir Seth angetan," schrie er; "er soll nicht unbestraft bleiben." Aber Seth war verschwunden und konnte nirgends aufgefunden werden. Wegen des Bösen, das über Horus gekommen war, verfluchte Re das Schwein.

Als sich das Augenlicht des jungen Gottes wieder erholt hatte, gab ihm Re die Stadt Pe, worüber er sehr beglückt war; und mit seinem Lächeln verschwanden die Wolken der Finsternis, und das ganze Land freute sich.

DER MYTHOS
DER GEFLÜGELTEN SONNENSCHEIBE

Im 363. Jahr seiner Herrschaft über die Erde geschah es, daß Re-Harachte sich mit seiner mächtigen Armee in Nubien befand. Seth, der Böse, hatte sich gegen ihn aufgelehnt, da Re ihm um Jahre voraus und Seth von allen Lebewesen das arglistigste und tückischste war. Er hatte seinen Zwillingsbruder Osiris getötet, den großen und guten König; und aus diesem Grund war Horus der Ältere, der Bruder des Osiris, sein unerbittlicher Feind geworden. Mit seinen Karren, Reitern und Fußsoldaten schiffte sich Re auf dem großen Fluß ein und kam so nach Edfu, wo Horus zu ihm stieß. "Oh Re," sagte Horus, "Deine Feinde sind groß, und sie verschwören sich arglistig gegen Dich!" "Mein Sohn," antwortete Re, "bewaffne Dich und trete meinen Feinden entgegen, töte sie rasch." Daraufhin suchte Horus den Beistand des Gottes Thot, dem Meister aller Magie, mit dessen Hilfe er sich in eine große Sonnenscheibe verwandelte mit strahlenden Flügeln, die sich auf jeder Seite ausbreiteten.

Er flog direkt zur Sonne und vom Himmel schaute er so grimmig auf seine Gegner hinab, daß deren Verstand verwirrt wurde. Jeder Mann hielt seinen Nächsten für einen Fremden, und das Gerücht kam auf, daß der Feind unter ihnen wäre. Jeder richtete seine Waffe gegen die anderen, die Mehrheit wurde getötet, und die Handvoll Überlebender floh in alle Himmelsrichtungen. Horus schwebte eine Weile über dem Schlachtfeld in der Hoffnung, Seth zu finden, aber sein Erzfeind war nicht da; er versteckte sich im Norden des Landes.

Dann kehrte Horus zu Re zurück, der ihn freundlich umarmte. Horus brachte Re und die Göttin Hathor zu dem Schlachtfeld und zeigte ihnen die verstreuten Leichen. Re, der König der Götter, sagte zu seiner Gefolgschaft: "Laßt uns zum Nil reisen, da unsere Feinde getötet sind." Aber Seth hatte nach wie vor eine breite Anhängerschaft, und er befahl einigen seiner Gefolgsmänner, sich in Krokodile und Nilpferde zu verwandeln, auf daß sie die in der göttlichen Barke Reisenden angreifen und, durch ihre dicken Häute geschützt, selbst nicht verletzt werden konnten. Horus hatte jedoch

Die große geflügelte Sonnenscheibe, in
die der Gott der Weisheit Horus den
Älteren verwandelte, um ihm seine
Rache an dem Brudermörder Seth zu
erleichtern.

Eine frühe Darstellung einer Nilpferd-
Kriegsgöttin. Sowohl Nilpferde als auch
Krokodile wurden von den Ägyptern
mit Angst und einer gewissen
magischen Ehrfurcht betrachtet, was sie
zu geeigneten Komplizen von Seth
machte.

Krokodile in einem Wandrelief im
Tempel von Sobek, dem Krokodilgott,
bei Kom Ombo.

Ein Löwe in einer Reliefdarstellung bei Luxor. Horus' Verwandlung in einen Löwen während seiner letzten Schlacht gegen Seth spiegelt die symbolische Bebeutung des Löwen in der nubischen Wüste wider, wo er bis in römische Zeiten hinein verbreitet war.

eine Gruppe von Schmieden zusammengerufen, von denen ein jeder eine eiserne Lanze und eine Kette fertigte, denen Thot etwas von seiner stets mächtigen Zauberkraft verlieh. Horus wiederholte die Formel außerdem in dem *Buch über das Töten des Nilpferds*. Als die grimmigen Tiere den Fluß hinaufstürmten, erwartete der Gott sie bereits; viele von ihnen wurden von den magischen Waffen durchbohrt, die übrigen flohen.

Diejenigen, die gen Süden flohen, wurden von Horus verfolgt und schließlich eingeholt. Es ergab sich ein weiterer großer Kampf, in dem die Anhänger des Seth erneut unterlagen. Auf Befehl des Re, wurde ein Schrein auf dem Schlachtfeld errichtet, um des Siegers zu gedenken, und sein Bild wurde hineingegeben. Nun sollte im Süden noch ein weiterer Zusammenstoß erfolgen, bevor die Anhänger Seths gänzlich vernichtet wurden.

Das Abschlachten der Ungeheuer

Dann segelten Horus und Re nordwärts Richtung Meer auf der Suche nach Seth und seinen Verbündeten in der Absicht, alle Krokodile und Nilpferde zu töten. Aber die Bestien blieben unter Wasser, und es mußten vier Tage vergehen, bis Horus sie zu Gesicht bekam. Er attackierte sie sofort und richtete große Verwüstung mit seinen glänzenden Waffen an, zur Freude von Re und Thot, die dem Kampf vom Boot aus zuschauten. Aber Horus verfolgte seine Feinde weiter, stets in der Form einer brennenden Scheibe mit Flügeln wie der Sonnenuntergang und begleitet von den Göttinnen Nechbet und Wadjet in der Gestalt zweier Schlangen.

Ein weiteres Mal überwältigte er die Verbündeten Seths, diesmal an den westlichen Wassern des Mert. Bei dieser Gelegenheit, wie auch bei den anderen, war Horus siegreich, und fast vierhundert Gefangene wurden zu Res Boot gebracht und getötet.

Seth war ausgesprochen wütend und beschloß, sich in seiner vollen Gestalt zu zeigen, um mit Horus zu kämpfen. Seine Schreie und Flüche, als er von den Verlusten hörte, die seine Armee hatte einstecken müssen, waren in der Tat grauenhaft. Horus und sein Gefolge gingen hinaus, um sich der Armee des Seth zu stellen, und die Schlacht war lang und grausam. Zum Schluß nahm Horus einen Gefangenen, von dem er annahm, daß es sich um Seth handelte. Der Unglückselige wurde vor Re gezerrt, der ihn in die Hände seines Fängers gab und es ihm überließ, mit dem Gefangenen zu tun, was er wollte. Horus tötete ihn, indem er ihm den Kopf abschlug, ihn durch den Staub schleifte und seinen Körper in Stücke schnitt, ganz so wie Seth es mit Osiris getan hatte. Bedauerlicherweise war der Gefangene nur ein Verbündeter Seths. Der Böse selbst war immer noch in Freiheit und schwor seinen Feinden Rache. Als eine große Schlange verkleidet versteckte er sich unter der Erde, während seine Anhänger Mut aus dem Wissen schöpften, daß er seinem Feind entgangen war. Und wieder einmal wurden sie von Horus besiegt, der eine große Anzahl von ihnen tötete.

Die Götter blieben für sechs Tage auf dem Kanal, wo sie auf das Wiederauftauchen des Feindes warteten, doch niemand ließ sich blicken. Dann schickte Horus sein Gefolge aus, um die Überreste von Seths Armee zu vernichten.

Die letzten beiden Schlachten wurden bei Thalu und bei Schais, in Nubien, geführt. Bei Thalu nahm Horus die Form eines wütenden Löwen an und schlug einhundertzweiundvierzig Feinde nieder. Bei Schais erschien er ein weiteres Mal in der Gestalt einer großen leuchtenden Scheibe mit Flügeln von wundervollem Gefieder und mit den Göttinnen Nechbet und Wadjet in Form von gekrönten Schlangen an jeder Seite. Auch bei diesen Gelegenheiten war Horus siegreich.

Zu diesem Mythos gibt es verschiedene Endversionen. In einer Version war der Gefangene, den Horus köpfen ließ, tatsächlich Seth, der jedoch in Form einer Schlange wiedergeboren wurde. Laut dieser Version wurde Horus von Edfu von Horus dem Kind, Sohn von Isis und Osiris, begleitet (die beiden Gestalten des Horus wurden letztlich während der Schlacht verwechselt: Während Horus der Ältere kämpft, tötet Horus das Kind Seth). Laut einem Bericht lieferte Horus den gefangenen Seth der Isis aus, die ihm dem Kopf abschlug. Eine weitere Version (Seite 80) besagt, daß die entscheidende Schlacht noch nicht geschlagen wurde und daß Horus seinen Feind schließlich vernichtet, als Osiris und die Götter ein weiteres Mal zur Erde zurückkehren.

Andere Horuslegenden

Eine andere Legende berichtet, daß, als Horus das Kind zum Mann wurde, Seth hervortrat und ihn zu einem tödlichen Kampf herausforderte. Horus zog daraufhin in einem Boot aus, das von Isis aufs Schönste dekoriert und außerdem mit magischen Sprüchen belegt worden war, auf daß sein Fahrer nicht besiegt werden möge. Währenddessen hatte der Erzfeind der Götter die Gestalt eines riesigen roten Nilpferds angenommen. Er verursachte einen rasenden Sturm, damit die Boote von Horus und seinem Gefolge kentern sollten, so daß die Wasser wütend aufpeitschten; und wären die Boote nicht durch Zauberei beschützt gewesen, so wären sie sicherlich untergegangen. Horus hielt dessen ungeachtet unberührt seinen Kurs ein. Er hatte die Gestalt eines Jünglings von gigantischen Ausmaßen angenommen und wachte über das güldene Vorschiff seines Bootes, das wie Sonnenlicht in dem Sturm und der Dunkelheit leuchtete. Eine große Harpune ruhte in seiner Hand, so groß, daß kein normaler Sterblicher sie hätte heben können. Im Wasser wartete das rote Nilpferd darauf, daß das Boot zerschellen möge, so daß es die Feinde angreifen konnte. Aber sobald es sich aus dem Wasser erhob, wurde die machtvolle Harpune auf seinen Kopf geschleudert und bohrte sich in sein Gehirn. Und das war das Ende von Seth, dem Bösen, dem Mörder von Osiris und dem Feind von Re. Zu Ehren Horus', des Eroberers, wurden im ganzen Land Hymnen und Triumphgesänge angestimmt.

Horus der Jüngere harpuniert mit Hilfe von Isis Seth, der sich in ein rotes Nilpferd verwandelt hat.

VIERTES KAPITEL

DIE MYTHEN
DER GROSSEN GÖTTER

DAS TÖTEN DER MENSCHEN

Die folgende Geschichte enthüllt die Göttin Hathor unter ihrem fürchterlichsten Aspekt. Als Auge des Re – in diesem Fall ist mit ziemlicher Sicherheit der Mond gemeint – glaubten die Ägypter, könne sie die jährliche Nilflut zurückhalten. Sicherlich handelt es sich bei den Plagen und Hungersnöten während der Trockenzeit, die der Überschwemmung direkt vorausgeht, um die Rache des Re; das Bier verkörpert die Überschwemmung selbst. Das Fest der Vergiftung der Hathor wurde im Monat des Thot, dem ersten Monat der Flut, abgehalten.

Vor langer Zeit lebte auf der Erde Re, der Sonnengott, der Schöpfer der Menschen und der Dinge und der Herrscher über die Götter. Eine Zeitlang verehrten ihn die Menschen aufgrund seiner erhabenen Position, aber mit der Zeit wurde er alt, und sie fingen an, sich über ihn lustig zu machen. Sie sagten: "Oh je! Seine Knochen sind wie Silber, seine Lenden wie Gold, sein Haar scheint echter Lapislazuli zu sein." Re wurde wütend, als er diese Blasphemie vernahm, und rief seine Gefolgschaft zu sich, die Götter und Göttinnen seines Zuges, Schu und Tefnut, Geb und Nut und Hathor, das Auge des Re.

Die Götter tagten heimlich, auf daß die Menschenrasse nichts von ihrem Treffen erfahren möge. Und als sie alle um seinen Thron versammelt waren, sagte er zu Nun, dem ältesten der Götter: "Oh Nun, Erstgeborener der Götter, dessen Sohn ich bin, ich bitte Dich, gib mir Deinen Rat. Die Menschen, die ich erschaffen habe, haben Böses wider mich ersonnen, selbst diejenigen, die aus mir selbst entsprungen sind. Sie haben Groll in ihrem Herzen und sagen 'Oh je! Der König ist alt geworden, seine Knochen sind wie Silber, seine Lenden wie Gold und sein Haar scheint echter Lapislazuli zu sein.' Sag mir, was soll mit ihnen geschehen? Deswegen habe ich Deinen Rat gesucht. Ich werde sie nicht vernichten, bevor Du nicht gesprochen hast."

Dann antwortete Nun: "Oh Du großer Gott, der Du größer bist als der, der Dich zeugte, Du Sohn, der Du mächtiger als der Vater bist, lenke Dein Auge auf die, die über Dich lästern, und sie mögen von der Erde verschwinden."

Re lenkte sein Auge auf die Gotteslästerer, wie Nun es ihm geraten hatte. Aber die Menschen flüchteten und versteckten sich in Wüsten und steinigem Gelände. Daraufhin gaben alle Götter und Göttinnen Re den Rat, sein Auge hinunter unter die Menschen zu schicken, um sie anzugreifen. Das

Ein Wandgemälde von Hathor, der Liebesgöttin, in ihrer menschlichen und wohlwollendsten Erscheinungsform. Aus dem Grab des Horemheb im Tal der Könige. Im "Töten der Menschen" zeigt sie sich von ihrer zerstörerischen Seite als Auge des Re.

Das Nilhochwasser (gegenüber). Die Geschichte "Das Töten der Menschen" betont die grausamen Konsequenzen für die ägyptische Bevölkerung, sollte die Nilflut ausbleiben.

87

Hathors Vergiftung spiegelt die Haltung der Ägypter zum Alkohol wider: der exzessive Genuß von Wein oder Bier war unter den Oberen nicht ungewöhnlich, sowohl bei den Männern als auch bei den Frauen, wie diese Karikatur verdeutlicht.

Auge des Re stieg in Gestalt der Göttin Hathor hinab und tötete die Menschen in der Wüste. Dann kehrte Hathor an den Hof des Re zurück, und als der König sie willkommen geheißen hatte, sagte sie: "Ich war mächtig unter den Menschen. Das erfreut mein Herz sehr."

Die ganze Nacht watete Sachmet in dem Blut derer, die getötet worden waren, und Re fürchtete, daß Hathor am folgenden Tag die übriggebliebenen Menschen töten würde, deshalb sagte er zu seinen Getreuen: "Fangt mir Boten ein, die so schnell sind, daß sie den Wind überholen können." Als die Boten erschienen, bat Re sie, eine große Zahl Alraunen aus Elephantine zu bringen. Diese gab Re Sachmet und beauftragte sie, sie zu zerstoßen; dann mischte er die Alraunen mit ein wenig von dem Blut derer, die Hathor erschlagen hatte. In der Zwischenzeit bereiteten Dienerinnen eifrig Gerstenbier zu, in das Re die Mischung schüttete. Es wurden siebentausend Krüge Bier hergestellt.

Am Morgen befahl Re seinen Getreuen, das Bier zu dem Ort zu bringen, wo Hathor versuchen würde, den Rest der Menschheit umzubringen, und es dort auszuschütten. Der Sonnengott hatte sich selbst gesagt: "Ich werde ihr die Menschheit aus den Händen nehmen."

Bei Morgendämmerung erreichte Hathor den Ort, wo das Bier lag und die Felder vier Spannen tief überflutete. Sie war entzückt über ihr schönes Spiegelbild, das ihr aus den Fluten entgegenlächelte, und trank so viel von dem Bier, daß sie vergiftet wurde und nicht länger in der Lage war, die Menschen zu vernichten.

Später feierte man große, ausschweifende Feste, um an dieses Ereignis zu erinnern.

Ägyptische Feste brachten regelmäßig große Ausschweifungen mit sich, wie hier in diesen Bildern von Gästen, die nach einem Trinkgelage nach Hause getragen werden, deutlich wird.

DIE PRINZESSIN UND DER DÄMON

Grundlage für die folgende Geschichte ist der ägyptische Glaube, daß eine Tempelstatue die tatsächliche Inkarnation des Gottes ist, den sie darstellt. Der Gott Chons erscheint uns hier unter zweien seiner Aspekte, während er gegen einen Dämonen oder Geist einschreitet, von dem die Tochter eines syrischen Vasallen des Pharao besessen ist.

Unter der Herrschaft des Pharao Ramses gab es viele schöne Frauen in Ägypten, aber noch lieblicher als sie alle zusammen war die Tochter des Prinzen Bechten, eines der Vasallen des Königs. Sie war groß und schlank und sehr wohlgestaltet, von edlen Formen und Gesichtszügen, und es gab nichts auf der Erde, womit man ihre Schönheit hätte messen können; deshalb verglichen die Menschen sie mit der Schönheit Amun-Res, dem Licht des Tages.

Nun war Ramses ein großer Eroberer und ein mächtiger und geachteter Mann, dessen Vasallen Prinzen von nicht zu verachtendem Rang waren. Letztere kamen jedes Jahr nach Nahairana, an der Mündung des Euphrat, um ihrem Herrn ihre Verehrung zu zeigen und ihm Tribut zu zollen. Der Tribut, den der König erhielt, war in der Tat reich, denn jeder Prinz, der sich vor ihm verbeugte, wurde von einem Gefolge von Sklaven begleitet, die Gold und Edelsteine und duftende Hölzer trugen, die auserlesensten Dinge, die ihre jeweiligen Länder lieferten.

Ägyptische Prinzessinnen widmeten ihrem Aussehen einen großen Teil ihrer Zeit und Energie. Dieser moderne Druck von einem Gemälde aus dem Grab der Königin Nefertari zeigt einen typischen vollkommenen Kopfputz und Make-up.

Bei einer solchen Gelegenheit kamen Ramses und seine Prinzen in Nahairana zusammen, und die Vasallen wetteiferten untereinander mit der Pracht ihrer Gaben. Aber der Prinz von Bechten hatte einen Schatz, der die anderen weit übertraf, denn er hatte seine wunderschöne Tochter mitgebracht. Als der Pharao sie sah, begann er, sie über alles zu lieben, und wollte sie zu seiner Frau machen. Der Rest der Abgaben interessierte ihn nicht mehr, und die Respektsbekundungen der übrigen Prinzen langweilten ihn. Also heiratete er die Prinzessin und gab ihr einen Namen, der "Schönheit des Re" bedeutete. Und die Königin wurde von ihrem Mann und ihrem Volk geliebt.

Dieser Ausschnitt aus einem Wandgemälde aus einem Prinzengrab im Tal der Königinnen vermittelt uns einen Eindruck von der Würde der ägyptischen Prinzen.

Nun geschah es, daß zum Fest des Gottes Amun, als die heilige Barke für alle sichtbar emporgehoben wurde, der König und die Königin sich zum Tempel begaben, um dem Sonnengott ihre Verehrung zu zollen. Und während sie beteten, wurden sie von den Gefolgsleuten aufgesucht, die ihnen die Nachricht überbrachten, daß ein Bote des Prinzen von Bechten draußen wartete und sie zu sprechen wünschte. Der König ließ den Boten nähertreten. Er brachte reiche Geschenke des Prinzen von Bechten an seine Tochter, die Große Königliche Gemahlin, während er sich vor dem König zutiefst verneigte und sagte: "Hilf, oh König, die kleine Schwester der Großen Königlichen Gemahlin liegt krank darnieder. Ich bitte Euch deshalb, einen Arzt zu schicken, um sie von ihrer Krankheit zu heilen." Daraufhin rief der König seine weisen Männer zu sich und überlegte, wen er der Schwester seiner Frau zur Hilfe schicken sollte. Nach langem Abwägen brachten die Weisen einen der ihren vor den König, einen Schreiber namens Tehuti-em-heb, der einstimmig dazu ausersehen wurde, den Boten nach Bechten zu begleiten, um dort die Schwester der Königin, Bent-reschi, zu heilen.

Aber als sie das Land des Prinzen von Bechten erreichten, erkannte Tehuti-em-heb, daß der Dämon, der die Ursache der Gebrechen der Prinzessin war, viel zu mächtig war, um von seinen Kenntnissen vertrieben werden zu können. Als der Vater des Mädchens hörte, daß der ägyptische Schreiber zu schwach war, um den Dämon auszutreiben, glaubte er, seine letzte Hoffnung verloren zu haben und fiel in Verzweiflung. Aber Tehuti-em-heb tröstete ihn, so gut er es vermochte, und bat ihn, ein weiteres Mal nach Ägypten schicken zu lassen, um die Hilfe des Gottes Chons, dem Austreiber der Dämonen, für seine Tochter zu erbitten. Also schickte der Herr von Bechten einen weiteren Boten an den Hof Ramses'.

Nun war das Land von Bechten weit von Ägypten entfernt, und die Reise nahm ein Jahr und fünf Monate in Anspruch. Als der Bote des Prinzen von Bechten Ägypten erreichte, fand er Ramses in Theben, im Tempel des Chons, denn es war der heilige Monat dieses Gottes. Der Bote verbeugte sich vor Ramses und gab ihm die Nachricht, die ihn der Vater der Königin schickte.

Im Tempel zu Theben gab es zwei Statuen des Gottes Chons, eine wurde Chons in Theben Neferhotep, die andere Chons der Dämonenaustreiber genannt; beide stellten den Gott als einen gutaussehenden Jüngling dar. Ramses näherte sich Chons in Theben Neferhotep und betete darum, daß er Chons dem Dämonenaustreiber gestatten möge, nach Bechten zu gehen, um Bent-reschi, die kleine Schwester der Königin, zu heilen. Chons in Theben Neferhotep versicherte seine Zustimmung und gewährte dem Dämonenaustreiber seinen Schutz. Nachdem dies geschehen war, machte sich Chons der Dämonenaustreiber sofort auf den Weg nach Bechten, in Begleitung eines großen Gefolges und mit einem Aufgebot, das eines Königs würdig war. Sie reisten ein Jahr und fünf Monate und erreichten schließlich das Land des Vaters der Königin. Der Prinz selbst und sein ganzes Volk eilten herbei, um Chons zu begrüßen; sie verbeugten sich tief und boten ihm reiche Gaben an, ganz so wie sie es mit dem König von Ägypten selbst gehalten hätten. In der Zwischenzeit hatte Bent-reschis Krankheit unvermindert fortgedauert, denn der Dämon, von dem sie besessen war, war sehr mächtig. Aber als Chons in ihr Gemach geführt wurde, siehe!, da erholte sie sich zur Freude ihres Vaters und seiner Höflinge innerhalb eines Augenblicks. Der Dämon, der sie verlassen hatte, erkannte Chons als ihm überlegen an, und diejenigen, die in der Nähe standen, hörten mit Ehrfurcht ein Gespräch zwischen den beiden.

"Oh Chons," sagte der Geist, "ich bin Dein Sklave. Wenn Du befiehlst, daß ich von hier fortgehen soll, so werde ich gehen. Aber ich bitte Dich, dem Prinzen von Bechten zu sagen, daß er mir einen Feiertag widmen möge und ein Opfer. Dann werde ich in Frieden gehen."

"Es soll so sein, wie Du gesagt hast," antwortete Chons, und er befahl dem Prinzen von Bechten, dem Dämon, der seine Tochter Bent-reschi besessen hatte, ein Opfer zu bringen und einen Feiertag einzurichten.

Zuerst brachte das Volk Chons, dem Dämonenaustreiber, ein großes Opfer, dann brachten sie dem Dämon eines, der sich daraufhin in Frieden entfernte. Aber nachdem er gegangen war, war der Prinz von Bechten zutiefst beunruhigt, denn er dachte: "Wenn er kann, wird er wieder in unser Land zurückkehren und das Volk quälen, wie er meine Tochter Bent-reschi gequält hat." Also bestimmte er, daß Chons, der Dämonenaustreiber, nicht aus Bechten abreisen dürfe, sondern ständig dortbleiben müsse für den Fall, daß der Dämon zurückkehre.

Für mehr als drei Jahre hielt der Prinz von Bechten demnach Chons in seinem Land und erlaubte ihm nicht abzureisen. Aber eines Nachts hatte er einen Traum, der seine Haltung änderte. In seinem Traum stand er vor

Kamele vor den Pyramiden. Der Bote des Prinzen von Bechten wird seine Reise nach Ägypten entlang der Karawanenrouten gemacht haben, deren Ursprünge bis in prähistorische Zeiten zurückreichen.

dem Schrein von Chons dem Dämonenaustreiber. Und als er hineinschaute, oh je! da standen die Türen des Schreins weit offen, und der Gott selbst kam daraus hervor, nahm die Gestalt eines Falken mit prachtvollem goldenem Gefieder an und flog gen Ägypten. Als er erwachte, wußte der Herr von Bechten, daß der wahre Gott nach Ägypten aufgebrochen war und daß es sinnlos war, seine Statue weiterhin zu behalten. Vielmehr fürchtete er die Rache des Chons. Also überhäufte er am nächsten Tag die Statue von Chons dem Dämonenaustreiber mit reichen und schönen Geschenken und schickte sie mit einem prinzlichen Gefolge nach Ägypten.

Nachdem die Rückreise vollzogen war, schenkte Chons der Dämonenaustreiber all seine wertvollen Geschenke Chons in Theben Neferhotep und behielt nichts von alledem für sich selbst.

Eine Allee von Widdern bei Karnak. Der Gott Chnum, der besonders mit der Insel Elephantine und den Nilkatarakten in Verbindung gebracht wird, wurde häufig mit einem Widderkopf dargestellt.

DIE LEGENDE DER NILQUELLE

Die folgende Geschichte handelt von den Kräften, die man dem Gott Chnum bezüglich des wichtigsten Ereignisses im ägyptischen Kalender, dem jährlichen Nilhochwasser, zuschreibt. Die Inschrift, der wir diese Geschichte entnehmen, wurde während der ptolemäischen Zeit in einen Stein auf der Nilinsel Sahal gehauen.

Im achtzehnten Jahr der Regierung Djosers, dem dritten Monarchen der dritten Dynastie, verbreitete sich eine Hungersnot über ganz Ägypten, denn der Nil war für sieben Jahre ohne Hochwasser geblieben. Da Getreide aller Art rar war und die Felder und Gärten nichts lieferten, hatten die Menschen nichts zu essen. Starke Männer zitterten wie Alte, die Alten stürzten zu Boden und erhoben sich nicht mehr, die Kinder schrien laut vor den stechenden Schmerzen des Hungers. Und wegen der wenigen Nahrungsmittel, die es gab, wurden die Menschen zu Dieben und beraubten ihre Nachbarn.

Berichte über diese schrecklichen Zustände erreichten den König auf seinem Thron, und er wurde davon hart getroffen. Er erinnerte sich des Gottes Imhotep, dem Sohn des Ptah, der einst Ägypten aus einer ähnlichen Katastrophe geführt hatte, aber als er um dessen Hilfe anrief, erhielt er keine Antwort.

Dann schickte König Djoser nach seinem Gouverneur Mater, der im Süden über die Insel von Elephantine und Nubien herrschte, und fragte ihn, wo sich die Nilquelle befand und wie sich der Gott oder die Göttin des Flusses nannte. Um diese Depesche zu beantworten, begab sich Mater persönlich vor den König. Er erzählte ihm von der wundervollen Insel Elephantine, wo die erste jemals bekannte Stadt erbaut worden war, und daß aus ihr die Sonne hervorgegangen war, als sie der Menschheit Leben schenken wollte. Dort gab es auch eine doppelte Höhle, Querti, die die Form zweier Brüste hatte, und aus dieser Höhle floß die Nilflut, um das Land mit Fruchtbarkeit zu segnen, sobald der Gott zur entsprechenden Jahreszeit die Riegel der Tore zurückschob. Und dieser Gott war Chnum.

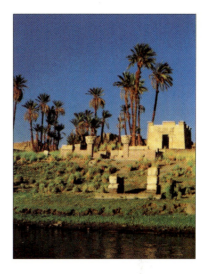

Ein Tempelkomplex auf Elephantine, einer der größten Inseln im Nil. Nahe Assuan und dem ersten Katarakt gelegen, war Elephantine zu Zeiten des Alten Reiches ein wichtiges Zentrum in der Nähe der ägyptischen Südgrenze.

Mater beschrieb seinem königlichen Meister den Niltempel zu Elephantine und erklärte, daß auch andere Götter darin wohnten, einschließlich der großen Gottheiten Osiris, Horus, Isis und Nephthys. Er berichtete von den Produkten des umgebenden Landes und sagte, daß von diesen Opfer an Chnum gebracht werden sollten.

Dann erhob sich der König und brachte dem Gott Opfer und flehte ihn in seinem Tempel an. Und der Gott hörte ihn und erschien vor dem gramgebeugten König. Er sagte: "Ich bin Chnum der Schöpfer. Meine Hände ruhen auf Dir, um Deine Person zu beschützen und Deinen Körper zu heilen. Ich gab Dir Dein Herz... Ich bin es, der sich selbst erschuf. Ich bin das Urwasser, und ich bin der Nil, der nach seinem Willen anschwillt und denen Gesundheit gibt, die mühselig arbeiten. Ich bin der Führer und Leiter aller Menschen, der Allmächtige, der Vater der Götter, Schu, der mächtige Besitzer der Erde." Und dann versprach der Gott dem König, daß von nun an der Nil jedes Jahr anschwellen sollte wie in der Vergangenheit und daß der Hunger ein Ende finden sollte und daß großes Glück über das Land kommen werde.

Aber er sagte dem König auch, daß sein Schrein in desolatem Zustand sei und daß sich niemand darum kümmerte, ihn wiederherzustellen, obwohl überall Steine herumlagen. Der König behielt dies im Gedächtnis und erließ mittels eines königlichen Dekrets, daß das Land rechts und links des Nils nahe der Insel, auf der Chnum wohnte, zur Erhaltung seines Tempels bestimmt wurde, daß Priester seinen Schrein verwalten sollten und daß zu ihrer Erhaltung eine Steuer auf die Produkte des umliegenden Landes eingeführt werden solle. Und dieses Dekret ließ der König in eine steinerne Stele hauen, die er an einem exponierten Ort aufstellen ließ, als bleibendes Zeichen der Dankbarkeit gegenüber Chnum, dem Gott des Nils.

FÜNFTES KAPITEL

LEGENDEN AUS DER ÄGYPTISCHEN GESCHICHTE

DER TRAUM DES THUTMOSIS

Die folgende Geschichte, ein Traum des Pharaos Thutmosis IV., wurde auf einer Stele in einem kleinen Tempel zwischen den Klauen der großen Sphinx in der Nähe der Pyramide von Giza gefunden. Das Ende der Inschrift war so zerstört, daß es unleserlich geworden war.

Es gab einen König in Ägypten mit Namen Thutmosis, einen machtvollen Monarchen, einen Meister der Kriegs- und der Jagdkunst. Er war außerdem sehr gutaussehend, von einer Schönheit ähnlich der des Horus, den Isis in den nördlichen Sümpfen geboren hatte, und er wurde von den Göttern und den Menschen sehr geliebt.

Er ging gern in der brennenden Wüste jagen, allein mit nur einigen wenigen Genossen, und dies wird von einem seiner Jagdausflüge berichtet.

Eines Tages, noch bevor er den Thron von Ägypten bestiegen hatte, jagte er in der Wüste ganz ohne Begleitung. Es war Mittag, und die Sonne brannte wütend auf ihn herab, so daß er nur wünschte, sich in den Schatten des mächtigen Harmachis, der Sphinx, begeben zu können. Groß und machtvoll war der Gott und von sehr majestätischer Erscheinung, mit dem Gesicht eines Mannes und dem Körper eines Löwen, mit einer Schlange über seinen Brauen. In vielen Tempeln wurde ihm geopfert; in vielen Städten beteten ihn die Menschen mit ihm zugewandten Gesichtern an. In dem großen kühlen Schatten legte sich Thutmosis schlafen, und der Schlaf fesselte seine Sinne. Und während er schlief, träumte er, und siehe! die Sphinx öffnete ihre Lippen und sprach zu ihm; sie war nicht länger ein regloser Stein, sondern der Gott selbst, der große Harmachis. Und er richtete die folgenden Worte an den Träumenden:

"Schau mich an, oh Thutmosis, denn ich bin der Sonnengott, der Herrscher über alle Völker. Harmachis ist mein Name und Re und Chepre und Atum. Ich bin Dein Vater, und Du bist mein Sohn, und durch mich soll alles Gute über Dich kommen, so Du meinen Worten Gehör schenken willst. Das Land Ägypten sei Deines und das nördliche Land und das südliche Land. In Wohlstand und Zufriedenheit sollst Du über viele Jahre regieren." Er hielt inne, und es schien Thutmosis, als ob der Gott damit zu kämpfen habe, sich von den überwältigenden Sandmassen zu befreien, da nur sein Kopf sichtbar war.

"Es ist so, wie Du es siehst," antwortete Harmachis, "der Wüstensand ist über mir. Tue schnell das, was ich Dir befehle, oh mein Sohn Thutmosis."

Noch bevor Thutmosis etwas erwidern konnte, war die Vision verblaßt, und er erwachte. Der lebende Gott war verschwunden, und an seiner Stelle befand sich das mächtige Abbild der Sphinx, aus solidem Stein gehauen.

Eine Ausschnitt aus der Traumstele zeigt Thutmosis, wie er der Sphinx Opfer darreicht.

Die dominierend Erscheinung der Sphinx (gegenüber) mit der Stele zwischen ihren Klauen, die die Geschichte "Der Traum des Thutmosis" enthält.

BÜRGERKRIEG IN ÄGYPTEN

Diese Geschichte ist eine von zwei überlieferten Legenden aus dem sogenannten Petubastis-Zyklus, der sich offensichtlich auf historische Ereignisse während der Regierungsperiode des gleichnamigen Pharaos in der dreiundzwanzigsten Dynastie bezieht. Die zweite Geschichte, "Der Diebstahl des Thrones", ist nahezu identisch, ereignet sich aber einige Jahre später unter der Regierung des Petubastis. Die beiden Geschichten blieben auf Papyri erhalten, die jeweils aus dem ersten und zweiten Jahrhundert n. Chr. stammen.

Der Diebstahl des Harnischs

Im Reich des Pharaos Petubastis waren das Delta und ein großer Teil Unterägyptens in zwei rivalisierende Parteien gespalten, eine Partei wurde von Kamenophis, dem Prinzen von Mendes, angeführt, und die andere beherrschten der König-Priester von Heliopolis, Ierhareru, und sein Verbündeter Pakruru, der große Herr des Ostens. Nur vier Gaue in der Mitte des Deltas gehörten zu Kamenophis, während es Ierhareru gelungen war, seine Kinder oder Machtbeziehungen in den meisten anderen Gauen zu etablieren.

Ierhareru besaß einen Harnisch, dem er großen Wert beimaß und der allgemein als Talisman angesehen wurde. Nach seinem Tod nutzte Kamenophis die Trauer und Verwirrung in Heliopolis und eignete sich den Harnisch an, um ihn in einer seiner eigenen Festungen aufzustellen. Prinz Pimonî "der Kleine" – "Pimonî mit der starken Faust", wie er manchmal in der Erzählung genannt wird – der Nachfolger Ierharerus, verlangte dessen Rückgabe. Kamenophis verweigerte dies, und so entfesselte sich ein Kampf, in den alle ägyptischen Provinzen verwickelt wurden.

Ein edler Krieger, der einen Pfeil aus seinem leichtem Zweispänner abschießt. Moderne Kopie eines ägyptischen Gemäldes.

Pimonî und Pakruru erschienen beide vor König Petubastis, den sie um die Erlaubnis baten, sich an Kamenophis rächen zu dürfen; der Pharao aber, der wußte, daß dies einen Bürgerkrieg auslösen würde, beeilte sich, Pimonî auszureden, Schritte gegen Kamenophis einzuleiten, und verbot ihm sogar ausdrücklich, seine Absichten auszuführen, wobei er ihm zum Ausgleich eine prachtvolle Beerdigung für Ierhareru versprach. Pimonî fügte sich unwillig, aber nachdem die Beerdigungsfeierlichkeiten vorüber waren, brannte noch immer der Groll in ihm, und so kehrten er und Pakruru, "der große Herrscher des Ostens", neuerlich an den Hof Petubastis' in Tanis zurück. Dieser empfing sie recht unwirsch, fragte sie, warum sie ihn schon wieder störten, und erklärte, er würde keinem Bürgerkrieg während seiner Regierungszeit zustimmen. Sie blieben jedenfalls sehr unbefriedigt und sagten, daß sie mit den Feierlichkeiten, die auf die religiösen Riten von Ierhareru Beerdigung zu folgen hatten, nicht fortfahren könnten, solange der Schild oder Harnisch nicht seinem rechtmäßigen Besitzer zurückgegeben worden sei.

Der Pharao schickte daraufhin nach Kamenophis und bat ihn dringlichst, den Schild zurückzugeben. Aber vergebens. Kamenophis weigerte sich kategorisch.

Dann sagte Pimonî: "Bei Atum, dem Herrn von Heliopolis, dem großen Gott, meinem Gott, wäre nicht das Dekret des Pharaos und mein Respekt für ihn, die Dich schützen, ich würde Dich noch in diesem Moment töten."

Kamenophis antwortete: "Beim Leben des Mendes, dem großen Gott, der Krieg, der in dem Gau ausbrechen wird, der Kampf, der in der Stadt ausbrechen wird, wird Klan gegen Klan aufbringen und Mann gegen Mann, bevor der Harnisch von dem Ort geholt werden kann, wo ich ihn hingebracht habe."

Die Greuel des Krieges

Pakruru sagte dann in Gegenwart des Königs: "Ist es richtig, was Kamenophis getan hat, und hat er die Worte, die er gerade an uns richtete, nicht gesagt, um unseren Ärger zu provozieren, auf daß wir unsere Kraft an der seinen messen? Ich werde dafür sorgen, daß Kamenophis und der Gau von Mendes sich der Worte schämen werden, die geäußert wurden, um den Bürgerkrieg zu provozieren, den der Pharao verboten hat; ich werde sie mit Krieg übersättigen. Ich sagte nichts, denn ich wußte, daß der König keinen Krieg wollte; aber falls der König neutral bleiben sollte, werde ich nicht länger schweigen, und der König wird alle Greuel des Bürgerkriegs zu sehen bekommen."

Der Pharao sagte: "Sei weder prahlerisch noch zurückhaltend, Pakruru, großer Herrscher des Ostens, aber jetzt geht Ihr jeder in Frieden in seinen Gau und seine Stadt. Gebt mir fünf Tage, und ich schwöre bei Amun-Re, daß ich dafür sorgen werde, daß der Harnisch auf den Platz zurückkehrt, von dem er entwendet wurde." Pimonî sagte daraufhin, daß, wenn der Harnisch zurückgegeben werden sollte, kein Wort mehr über diese Angelegenheit fallen und es keinen Krieg geben würde; aber sollte er einbehalten werden, würde er darum kämpfen, falls nötig gegen ganz Ägypten.

Kamenophis bat daraufhin den Pharao respektvoll um die Erlaubnis, welche er auch erhielt, seinen Männern zu befehlen, sich zu bewaffnen und mit ihm zum Gazellensee zu gehen, um sich auf einen Kampf vorzubereiten.

Dann schickte Pimonî, durch Pakruru dazu ermutigt, Nachrichten ähnlichen Inhalts an seine Gaue und Städte. Pakruru riet ihm weiterhin, zum Gazellensee zu eilen, um dort zu sein, ehe Kamenophis all seine Männer versammelt hatte, und Pimonî, nur von einer Schar Männer begleitet, nahm seinen Rat an und traf als erster auf dem Feld ein, wo er beabsichtigte, auf seine Brüder zu warten, die sich ihm als Anführer ihrer jeweiligen Klans anschließen sollten.

Die Nachbildung eines bronzenen Brustharnischs aus dem Grab von Ramses III. Der typische ägyptische Brustharnisch war ein Schuppenpanzer mit Reihen von mittels Nadeln befestigten Metallplättchen, die sowohl der Beweglichkeit als auch dem Schutz dienten.

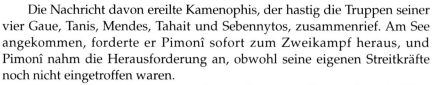

Ägyptische Krieger, die vom Bug eines Schiffes oder einer Barke herab angreifen. Eine große Anzahl von Kriegern konnte wesentlich schneller auf dem Nil als über Land transportiert werden.

Die Nachricht davon ereilte Kamenophis, der hastig die Truppen seiner vier Gaue, Tanis, Mendes, Tahait und Sebennytos, zusammenrief. Am See angekommen, forderte er Pimonî sofort zum Zweikampf heraus, und Pimonî nahm die Herausforderung an, obwohl seine eigenen Streitkräfte noch nicht eingetroffen waren.

Pimonî zog sich ein Hemd aus Byssus (Leinenstoff) über, das mit Silber und Gold bestickt war, und darüber ein weiteres Leinenhemd; er zog außerdem seinen bronzenen Brustharnisch an und trug zwei goldene Schwerter; er setzte seinen Helm auf und machte sich auf, Kamenophis entgegenzutreten.

Während sie kämpften, rannte Zinonfi, Pimonîs junger Diener, los, um nach den Streitkräften Ausschau zu halten, die Pimonî zu Hilfe kommen sollten, und er erspähte bald eine Flotille, die so stark war, daß der Fluß kaum alle Schiffe tragen konnte. Das war das Volk von Heliopolis, das kam, um seinem Herrn beizustehen. Sobald sie in Hörweite kamen, rief Zinonfi, sie sollten sich beeilen, denn Kamenophis setzte Pimonî hart zu, was der Wahrheit entsprach, denn sein Pferd war unter ihm getötet worden.

Kamenophis verdoppelte seine Kräfte, als er die neuen Streitkräfte ankommen sah, und Petechusu, Pimonîs Bruder, forderte Anuchoron, den Sohn des Pharaos, zum Zweikampf heraus. Als der Pharao das vernahm, wurde er sehr wütend. Er begab sich persönlich zu dem Schlachtfeld und verbat den Kämpfenden fortzufahren; er ordnete außerdem einen zeitweiligen Waffenstillstand an, bis alle Streitkräfte versammelt waren.

Petubastis und alle Anführer nahmen günstige Standorte ein, so daß sie sehen konnten, was vor sich ging, und die Männer waren so zahlreich wie die Sandkörner am Meer, und ihre Wut aufeinander war unkontrollierbar.

Die Truppen der vier Gaue stellten sich hinter Kamenophis auf und die Soldaten des Gaus von Heliopolis hinter Pimonî dem Kleinen.

Dann gab Petubastis Pakruru ein Zeichen, woraufhin er sich bewaffnete und hinunter zu den Streitkräften ging, wo er die Männer zu Heldentaten anstachelte; er spielte einen Mann gegen den anderen aus, und der Eifer, der in ihnen aufkam, war unermeßlich.

Ein Trupp ägyptischer Bogenschützen, die neben ihren Bogen mit Äxten und Keulen bewaffnet sind und von einem Standartenträger geführt werden.

Beistand für Pakruru

Nachdem Pakruru das Handgemenge verlassen hatte, traf er einen mächtigen Mann in einer Rüstung, der das Kommando über vierzig Galeeren und achttausend Soldaten hatte. Es handelte sich um Mutubaal, den Prinzen von Syrien, dem in einem Traum befohlen worden war, sich zum Gazellensee zu begeben, auf daß er helfe, den gestohlenen Harnisch wiederzuerlangen. Pakruru wies ihm einen Platz zu, obwohl alle Streitkräfte bereits plaziert worden waren; aber er befahl ihm, nicht in den Kampf einzugreifen, ehe nicht die Gegenseite – die Männer Kamenophis' – ihre Schiffe angriffen. Mutubaals Truppen blieben demnach in ihren Booten, und Pakruru ging zu seinem Aussichtspunkt zurück, um den Fortgang der Schlacht zu beobachten.

Die beiden Parteien kämpften von vier Uhr morgens bis neun Uhr abends. Schließlich brachen die Truppen von Anuchoron, dem Sohn des Königs, unter dem Druck der Angriffe der Männer von Sebennytos zusammen und flohen zu den Booten. Nun ergriff Mutubaal seine Gelegenheit, zog gegen die Truppen von Sebennytos und vernichtete sie. Er fuhr fort, Verheerung unter den Streitkräften Kamenophis' anzurichten, bis der Pharao zusammen mit Pakruru zu ihm kam und ihn anflehte innezuhalten, wobei sie ihm versprachen, dafür zu sorgen, daß der Schild zurückerstattet werde.

Eine Reihe disziplinierter ägyptischer Soldaten, jeder mit Speer, Schild und Handaxt bewaffnet, mit ihrem Truppenführer (links) und einem Trompeter.

99

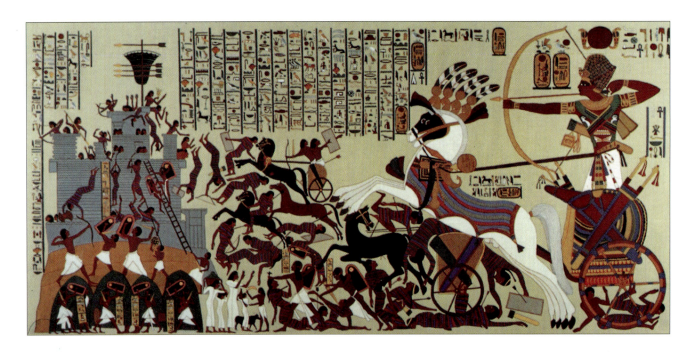

Eine moderne Reproduktion einer der berühmtesten Darstellungen ägyptischer Kriegsführung; der Angriff Ramses II. (in seinem Karren) auf die Hethiterfestung Dapur in Syrien.

Mutubaal gebot seinen Männern wie abgemacht Einhalt, nachdem er unter den Männern Kamenophis' große Verwüstung angerichtet hatte. Dann gingen der Pharao und Pakruru zusammen mit Mutubaal zu der Stelle, wo Pimonî sich mit Kamenophis in tödlichem Kampf befand. Pimonî hatte die Oberhand gewonnen und war dabei, seinen Gegner zu töten, aber sie hielten ihn auf, und der Pharao befahl Kamenophis, seine Waffen niederzulegen.

Danach wurde Anuchoron, der königliche Prinz, von Petechusu, dem Bruder Pimonîs', überwältigt, aber der Pharao griff erneut ein und überzeugte Petechusu, seinen Sohn zu schonen, und so wurde dem jungen Mann erlaubt, sich unversehrt zurückzuziehen.

Der König sagte: "Bei Amun-Re, das Zepter ist aus den Händen des Kamenophis, des Prinzen von Mendes, gefallen, Petechusu hat meinen Sohn besiegt, und die Truppen der vier stärksten Gaue Ägyptens sind überwältigt worden."

Der zurückgewonnene Schild

Abbild eines ägyptischen Kriegers, der seinen Gegner entwaffnet hat und dabei ist, ihm mit einem langen Dolch den Gnadenstoß zu versetzen. Pimonî dagegen wurde davon abgehalten, Kamenophiss zu töten.

Dann kam aus Theben Minnemai, Prinz von Eupuantine und Sohn des Ierhareru, des Priester-Königs, dem der Schild gehört hatte, mit all seinen Streitkräften. Sie schrieben ihm einen Platz gegenüber dem Schiff des Tachos zu, Kommandant des Gaus von Mendes, und wie der Zufall es wollte, befand sich in der Galeere des Tachos der Harnisch daselbst. Und Minnemai rief seine Götter an, auf daß sie ihm gestatteten, den Harnisch seines Vaters zurückzuerobern. Er bewaffnete sich, drang mit seinen Mannen in die Galeere des Tachos ein und sah sich neuntausend Soldaten gegenüber, die den Harnisch des Ierhareru, Sohn des Osiris, bewachten.

Minnemai postierte vierunddreißig Wachen auf dem Anlegesteg der Galeere, um jedermann an ihrem Verlassen zu hindern, und fiel über die Soldaten, die den Harnisch bewachten, her. Tachos kämpfte gut und tötete vierundfünfzig Männer, aber schließlich gab er auf und zog sich auf sein Schiff zurück, wohin Minnemai ihm mit seinen äthiopischen Kriegern folgte. Die Kinder des Ierhareru unterstützten ihn und ergriffen den Harnisch des Ierhareru.

So wurde der Harnisch zurückerobert und an seinen früheren Platz gebracht. Die Freude war groß unter den Kindern des Ierhareru und den Truppen von Heliopolis. Sie gingen zum Pharao und sagten zu ihm: "Großer Meister, laß die Geschichte des Krieges um den Harnisch aufschreiben mit den Namen der Krieger, die ihn führten, auf daß die Nachwelt erfahre, was für einen Krieg man um den Harnisch in Ägypten führte, in den Gauen und in den Städten; dann laß die Geschichte in eine Steinstele im Tempel von Heliopolis eingravieren." Und König Petubastis tat, worum sie ihn baten.

Ägyptische Truppen. Ihre unterschiedliche Ausrüstung, die Krummschwerter, Handäxte, Bogen und (ganz links) Rüstungen einschließt, läßt annehmen, daß hier Soldaten verschiedener militärischer Einheiten dargestellt sind.

DIE GEBURT VON HATSCHEPSUT

Obwohl sie im strengen Sinne nicht als historisch bezeichnet werden kann, erzählt die folgende Geschichte die Geburt der legendären Königin Hatschepsut, die in Ägypten von 1503 bis 1482 v. Chr. anstelle ihres Sohnes Thutmosis III. regierte. Sie spiegelt eindeutig die Propaganda wider, die die Königin selbst während ihrer Regierungszeit verbreitete.

Im Land der Götter hielt Amun-Re Hof. Amun-Re war der König der Götter und der Schöpfer der Menschen. An seiner Rechten befanden sich Osiris, die Zwillingsgöttinnen Isis und Nephthys, Hathor, die Liebesgöttin, sowie Horus und Anubis. An seiner Linken befanden sich Month, der Kriegsgott, mit Geb, dem Gott der Erde, und Nut, der Himmelsgöttin, die Götter Atmu und Schu sowie die Göttin Tefnut. Und zu den versammelten Göttern sprach Amun-Re das Folgende:

"Ich werde eine große Königin schaffen, die über Ägypten, Syrien, Nubien und Punt regieren soll, auf daß alle Länder unter ihrer Herrschaft vereinigt werden. Das Jungfrau muß ihres immensen Reiches wert sein, denn sie soll über die ganze Welt regieren." Als er noch sprach, trat der Gott Thot ein, der die Gestalt eines Ibis hatte, auf daß er schneller flöge als der schnellste Pfeil. Schweigend lauschte er den Worten Amun-Res, dem mächtigsten der Götter, dem Schöpfer der Menschheit. Dann sagte er: "Siehe, oh Amun-Re, es gibt im Land Ägypten ein Mädchen von vollkommener Schönheit. Die Sonne scheint in ihrem Verlauf auf nichts, was noch schöner wäre. Es wäre sicherlich passend, sie zur Mutter der großen Königin zu machen, von der Du sprichst."

"Das hast Du gut gesagt," sagte Amun-Re. "Wo sollen wir diese schöne Prinzessin suchen? Wie heißt sie?"

"Ihr Name ist Aahmes," antwortete Thot. "Sie ist die Gemahlin des Königs von Ägypten und lebt in seinem Palast. Ich will Dich zu ihr führen."

"Das ist gut," sagte Amun-Re.

Ein Dorf im Lande Punt. Auszug aus einem ägyptischen Original. Das Bild zeigt nicht nur eine ungewöhnliche Meeresfauna, sondern auch eine Anzahl verschiedener Bäume und auf Stelzen gebaute Häuser.

Dann flog Thot in der Gestalt des Ibis gen Ägypten, und es begleiteten ihn Amun-Re, in der Gestalt des Königs von Ägypten, und alle Götter und Göttinnen, darunter Neith, die Göttin von Sais, und die Skorpiongöttin Selk, auf deren Kopf sich ein Skorpion befand, der in jeder Klaue das Zeichen des Lebens hielt.

Schweigend drangen die Götter und Göttinnen in den schlafenden Palast ein und wurden von Thot zum Gemach der Königin Aahmes geführt. Die Königin lag schlafend auf einem Lager in Form eines Löwen, und als sie sie anblickten, erkannten sie, daß Thot die Wahrheit gesagt hatte, sie war in der Tat die Schönste unter den Sterblichen, und sie standen mit sprachloser Bewunderung vor ihrer Schönheit. Aber das Parfüm, das sie aus dem Land Punt mitgeführt hatten, weckte die junge Frau, die voller Erstaunen auf ihre übernatürlichen Besucher blickte. Besonders eindrucksvoll war Amun-Re, der König der Götter, der Schöpfer der Menschheit, wie er so vor der Königin stand. Goldschmuck und Edelsteine schmückten seinen Körper, und seine Schönheit war die Schönheit der Sonne, so daß das Herz des Mädchens sich mit Entzücken füllte. Amun-Re legte ihr das Lebenszei-

Der zwergenhafte Bes mit seinen löwenähnlichen Zügen war ein Hausgott, der vor allem Beachtung als Geburtshelfer fand: hier in einem Relief bei Dendera. Entsprechend der Legende war er einer der Götter, die bei Hatschepsuts Geburt anwesend waren.

chen und das Emblem der Macht in die Hand, und die Göttinnen Neith und Selk hoben ihre Liegestatt vom Boden auf, auf daß sie über der Erde schweben möge, während sie mit den Göttern sprach.

Später kehrten die Götter in das Land Punt zurück, und Amun-Re rief nach Chnum, dem Schöpfer, dem Erschaffer der menschlichen Körper.

"Erschaffe mir den Körper meiner Tochter und den Körper ihres Ka," sagte Amun-Re. "Ich werde aus ihr eine große Königin machen, ihr seien alle Tage ihres Lebens Ehre und Macht zu eigen."

"Oh Amun-Re," antwortete Chnum, der Schöpfer, "es sei, wie Du gesagt hast. Die Schönheit Deiner Tochter soll die der Götter überbieten und ihrer Würde und ihrem Glanz angemessen sein."

So erschuf denn Chnum den Körper von Amun-Res Tochter und den Körper ihres Ka, wobei beide Formen absolut identisch und schöner als alle Menschentöchter waren. Er schuf sie aus Ton mit Hilfe seiner Töpferscheibe, und Hekt, die Göttin der Geburt, kniete an seiner Seite und hielt das Lebenszeichen gegen den Ton, auf daß die Körper von Hatschepsut und ihrem Ka mit dem Atem des Lebens erfüllt würden.

Dann brachten die Götter die Körper zum Palast des Königs von Ägypten. Chnum, der Schöpfer, und Hekt, die Göttin der Geburt, sowie Isis, die große Mutter, und ihre Zwillingsschwester Nephthys, Bes, die Schutzgottheit der Kinder, Meskhent und Taurt, alle waren anwesend, die Geburt von Hatschepsut, der großen Königin, der Tochter von Amun-Re und der Königin Aahmes, zu begrüßen.

Groß war die Freude, als das Kind geboren wurde, und laut waren die Lobgesänge ihr zu Ehren. Und mit der Zeit wurde sie die Herrscherin über alle Länder, reich und mächtig und von Amun-Re geliebt, die große Königin, als die sie vom König der Götter vorgesehen worden war.

Im Niltal wurde ein Tempel für die Königin Hatschepsut errichtet. Der Tempel steht bis zum heutigen Tag und ist als Deir-el-Bahari, das nördliche Kloster, bekannt.

Der Tempel der Königin Hatschepsut bei Deir el-Bahari, Westliches Theben, gegenüber Luxor. Unter den erhaltenen Reliefs ist eines, das die große ägyptische Expedition nach Punt, die unter der Regierung Hatschepsuts durchgeführt wurde, zeigt sowie die afrikanischen Güter, die von dort nach Ägypten mitgebracht wurden.

Ein großer Krug des Typus, der im alten Ägypten üblicherweise zur Vorratshaltung verwendet wurde. Thutis Einsatz solcher Krüge zum Schmuggeln seiner Männer in die belagerte Stadt Jaffa erinnert an Homers Trojanisches Pferd.

WIE THUTI DIE STADT VON JAFFA EINNAHM

Diese Legende erzählt einen Vorfall während des Feldzugs von Thutmosis III. in Palästina. Der Anfang der Geschichte ist verlorengegangen. Die Methode, die der listige Thuti anwandte, um seine Truppen in die rebellische Stadt einzuschmuggeln, erinnert an die Geschichte von Ali Baba in Tausendundeiner Nacht.

Unter der Regierung von Thutmosis III., Pharao von Ägypten, zettelte der Prinz von Jaffa eine Rebellion an und ermordete alle ägyptischen Soldaten, die in der Stadt stationiert waren. Das erregte natürlich den Zorn des Pharaos, und er rief seine Edelmänner, seine Generäle und seine Schreiber zusammen, um zu sehen, was man tun könne. Keiner von ihnen hatte jedoch einen Vorschlag zu machen mit Ausnahme von Thuti, einem jungen und brillanten Infanterieoffizier.

"Gib mir," bat er, "Deinen Zauberstab, oh mein König, und einen Korps von Infanteristen und Wagenlenkern, und ich werde den Prinzen von Jaffa töten und die Stadt einnehmen."

Der Pharao, der diesen Offizier aufs höchste schätzte und seinen Wert kannte, gestand ihm alles zu, was er begehrte – ein nicht unbescheidenes Begehr, denn der Zauberstab war ein Talisman, der seinen Besitzer unsichtbar machen sollte.

Thuti marschierte daraufhin mit seinen Mannen nach Palästina. Dort angekommen ließ er eine große Tasche aus Häuten anfertigen, groß genug, um einen Mann aufzunehmen; dann ließ er Ketten für Hände und Füße fertigen, ein Paar davon besonders groß und stark; außerdem Fesseln und Joche aus Holz und vierhundert Krüge. Dann schickte er dem Prinzen von Jaffa die folgende Botschaft:

"Ich bin Thuti, der ägyptische Infanteriegeneral. König Thutmosis war eifersüchtig auf meine Heldentaten und hat versucht, mich zu töten; aber ich bin ihm entflohen und habe seinen Zauberstab gestohlen, den ich in meinem Gepäck versteckt halte; wenn Du willst, werde ich ihn Dir geben und mich mit Dir verbünden, ich und meine Mannen, die Elite der ägyptischen Armee."

Diese Botschaft erfreute den Prinzen von Jaffa, denn er kannte Thutis Ruf und wußte, daß es niemand in ganz Ägypten mit ihm aufnehmen konnte. Er schickte eine Nachricht an Thuti, in der er dessen Angebot akzeptierte und versprach ihm einen Teil seines Landes. Dann verließ er Jaffa, wobei er seinen Stallmeister mitnahm und die Frauen und Kinder, um den Mann zu begrüßen, den er für einen neuen und mächtigen Alliierten hielt. Er begrüßte ihn aufs wärmste und lud ihn in sein Lager ein, um mit ihm zu speisen. Im Laufe des Gesprächs, während sie zusammen aßen und tranken, fragte er Thuti nach dem Zauberstab. Thuti erwiderte, daß er in dem Gepäck verborgen sei, mit dem die Pferde beladen waren, und bat, seine Männer und Pferde ins Lager einzulassen, damit sie sich erfrischen und ausruhen konnten.

So geschah es: Seine Pferde wurden gefüttert und angebunden, das Gepäck wurde durchsucht und der Zauberstab gefunden.

Die Kriegslist

Als er das hörte, brachte der Prinz von Jaffa seinen drängenden Wunsch zum Ausdruck, den Stab sehen zu dürfen. Thuti ging ihn holen; dann griff er den Prinzen plötzlich bei seinen Kleidern und sagte: "Sieh hier, König Thutmosis' Zauberstab." Und damit hob er seine Hand und schlug den Prinzen auf die Stirn, so daß er bewußtlos vor ihm niederfiel. Dann steckte er ihn in den großen Ledersack, den er bei sich hatte, ließ die Handschellen um seine Handgelenke schnappen und legte die Ketten an seine Füße. Da das Gesicht des Toten nicht zu sehen war, bestand Thutis List darin, den Leichnam als seinen eigenen auszugeben. Er befahl zweihundert seiner Soldaten, sich in der Hälfte der vierhundert Krüge zu verstecken, und füllte die übrigen mit Seilen und den hölzernen Fesseln; dann versiegelte er sie, band sie zu, gab sie genauso vielen starken Soldaten und sagte: "Lauft schnell und sagt dem Stallmeister des Prinzen, daß ich getötet wurde. Laßt ihn dann zu seiner Herrin, der Prinzessin von Jaffa, gehen und ihr sagen, daß Thuti besiegt ist und daß sie die Stadttore öffnen möge, um den toten Körper des Besiegten und die Krüge mit der Beute, die ihm genommen wurde, zu empfangen."

Der Stallmeister empfing die Botschaft und rannte mit den freudigen Nachrichten zu seiner Herrin. Die Tore der Stadt wurden geöffnet, und Thutis Männer trugen die Krüge mit den Soldaten in die Stadt. Dann befreiten sie ihre Kumpanen, und die gesamte ägyptische Streitmacht fiel über die Einwohner der Stadt her, nahm sie gefangen und fesselte sie.

Nachdem er sich ausgeruht hatte, schickte Thuti eine Nachricht an den Pharao, die besagte: "Ich habe den Prinzen von Jaffa getötet, und alle Bewohner von Jaffa sind Gefangene. Laß nach ihnen schicken und sie nach Ägypten bringen, auf daß Dein Haus mit männlichen und weiblichen Sklaven gefüllt sein möge, die für immer Dein sind. Laß Amun-Re, Deinen Vater, den Gott der Götter, lobpreisen."

Ein Relief, das Kriegsgefangene zeigt, die als Sklaven nach Ägypten gebracht werden. Abu Simbel.

SECHSTES KAPITEL

MAGISCHE GESCHICHTEN

DIE GESCHICHTE VON NEBKA
UND DEM KROKODIL

Diese Legende, wie auch die folgenden beiden, sind Teile eines Geschichtenzyklusses, der sich um den Pharao Chufu der 4. Dynastie rankt. Der Papyrus, auf dem die Geschichte überliefert ist, stammt aus der Hyksos-Epoche; leider fehlen sowohl der Anfang als auch das Ende. Obwohl zwei dieser Geschichten deutliche moralische Untertöne aufweisen, wurden sie in erster Linie zur reinen Unterhaltung aufgeschrieben.

Chufu oder Cheops, der berühmte Erbauer der großen Pyramide von Gizeh, versammelte seine Söhne und Ratgeber um sich und fragte sie, ob sie von einem Mann wüßten, der ihm Geschichten über die Magier erzählen könne. Sein Sohn Chafra antwortete, daß er selbst eine solche Geschichte kenne, die aus der Zeit Nebkas, einem Vorfahren des Königs, überliefert sei und von den Vorfällen handele, welche sich zugetragen hatten, als Nebka den Ptah-Tempel in Ankhtaui besuchte.

Auf seinem Weg zum Tempel machte Nebka einen kleinen Umweg, um seinen Lieblingserzähler Uba-aner zu besuchen. Zu seinem Gefolge gehörte ein Page, in den sich Uba-aners Frau beim ersten Anblick verliebte. Sie schickte ihren Diener mit einem Korb voll schöner Gewänder zu ihm. Daraufhin trafen sie sich heimlich in einem Sommerhaus oder Pavillon in Uba-aners Garten, wo sie zusammen Wein tranken und fröhliche Stunden verbrachten. Der Hausdiener hielt es nun für seine Pflicht, seinen Herrn von den Vorgängen zu unterrichten, und Uba-aner, der sich auf die Kunst der Magie verstand, beschloß auf der Stelle, sich für das Vorgefallene zu rächen.

Er schickte umgehend nach seiner mit Silber und Gold beschlagenen Ebenholzschatulle, und als diese gebracht wurde, formte er ein sieben Finger langes Krokodil aus Wachs, welches er mit einem Zauber belegte. Gegen Abend begab der Page sich zu einem See, der in dem Garten lag, um zu baden, woraufhin der Diener das wächserne Krokodil auf Geheiß seines Herrn hinter ihm ins Wasser warf. Im gleichen Augenblick verwandelte es sich in ein echtes Krokodil von sieben Ellen Länge, das sein schreckliches Maul aufriß, den Pagen packte und mit sich in die Tiefe zerrte.

Während dieser Zeit weilte der König bei Uba-aner, und nach Ablauf von sieben Tage schickte er sich an abzureisen. Kurz vor seinem Aufbruch bat Uba-aner ihn, mitzukommen und dem Wunder beizuwohnen, das sich zugetragen hatte. Sie begaben sich zum Ufer des Sees, und der Erzähler rief nach dem Krokodil, welches umgehend mit dem Pagen im Maul auftauchte.

Ein Spielzeugkrokodil aus dem alten Ägypten. Kleine Tier- oder Menschenfigürchen, aus Holz oder Ton und häufig mit beweglichen Teilen, waren verbreitet. Ein Krokodil mit beweglichem Kiefer sollte ein Kind an eines der gefürchtetsten Tiere Ägyptens erinnern.

Die Große Pyramide von Chufu (Cheops) bei Giza ist eines der beeindruckendsten Monumente des alten Ägyptens. Die Pyramide mit ihrer Außenseite aus feinem Turakalkstein, der nach und nach von Eindringlingen abgetragen und als Baumaterial verwendet wurde, war ursprünglich 140 Meter hoch.

"Oh, mein König", sagte Uba-aner, "was immer ich diesem Krokodil auftrage, es wird es ausführen." Der König verlangte, das das Krokodil ins Wasser zurückkehre; Uba-aner nahm es jedoch mit einer Hand hoch, woraufhin es wieder zu Wachs wurde. Er erklärte dem König nun, was zwischen dem Pagen und seiner Frau vorgefallen war, und sogleich befahl der Monarch dem Krokodil entrüstet, den Pagen erneut zu packen; das Krokodil tat, wie ihm geheißen, zerrte seine Beute ins Wasser und verschwand auf Nimmerwiedersehen. Nebka befahl daraufhin, Uba-aners Frau fortzubringen, zu verbrennen und ihre Asche in den Fluß zu werfen.

Chufu war über diese Geschichte so erfreut, daß er Anweisungen gab, dem Geist Nebkas tausend Brotlaibe darzubringen sowie hundert Fässer Bier, einen Ochsen und zwei Kisten Weihrauch; außerdem sollte der Ka Uba-aners einen Laib Brot, eine Kiste Bier, eine Kiste Weihrauch und eine Portion Fleisch erhalten.

DIE TEILUNG DES WASSERS

Ein anderer von Chufus Söhnen erzählte nun von einer wunderbaren Begebenheit, die sich in den Tagen des Königs Seneferu zugetragen hatte.

Seneferu fühlte sich sehr müde und gelangweilt; also suchte er in jedem Winkel seines Palastes nach irgendeiner Zerstreuung, aber vergebens. Also schickte er nach Zazamankh, seinem Erzähler und Schreiber, und beschrieb ihm sein Dilemma. Zazamankh empfahl dem König, ein Boot vorbereiten zu lassen, mit dem er sich auf den See des Palastes begeben und von den königlichen Hofdamen auf dessen spiegelglatter Oberfläche hin- und herrudern lassen sollte. Er bat um zwanzig Ruder aus Ebenholz mit Goldintarsien, mit Ruderblättern aus hellem Holz mit Gold- und Silberbeschlägen. Mit diesen sollten zwanzig Damen rudern.

Des Königs Herz erfüllte sich mit Freude, aber die Dame, welche das Steuerruder hielt, verlor plötzlich einen Edelstein aus Malachit aus ihrem Haarschmuck. Sie verstummte umgehend in ihrem Gesang, und ihre Gefährtinnen taten es ihr gleich, und alle hörten auf zu rudern.

Seneferu fragte nach dem Grund, und sie antworteten: "Die Steuerfrau rudert nicht mehr."

Der König wandte sich der Dame zu, die ihren Edelstein verloren hatte, und fragte sie, warum sie nicht rudere.

Sie antwortete: "Leider Gottes ist mein Edelstein aus Malachit ins Wasser gefallen, und mein Herz ist schwer."

Der König bemühte sich, sie aufzuheitern, und versprach ihr einen neuen Edelstein; doch sie antwortete auf kindische Art, daß sie ihren eigenen Edelstein aus Malachit wiederhaben wolle.

Der König schickte daraufhin nach Zazamankh und erklärte ihm, was sich zugetragen hatte. Zazamankh beschwor sogleich einen kraftvollen Zauber und siehe! ein Teil des Seewassers türmte sich über den anderen, so daß der König und die Ruderdamen den Edelstein weit unten auf einer Tonscherbe liegen sahen. Zazamankh stieg aus dem Boot, holte den Edelstein und brachte ihn seiner Besitzerin zurück; daraufhin befahl er dem Wasser, wieder an seinen Platz zurückzukehren.

Dieser erstaunliche Vorfall erleuchtete die Herzen der ganzen Gesellschaft, so daß sie einen frohen Nachmittag verbrachten, und Zazamankh wurde für seine Zauberkünste fürstlich entlohnt.

Die Statue eines Schreibers aus der fünften Dynastie Cha-f-Re. Schreiber waren hochgeschätzte Gelehrte in Ägypten.

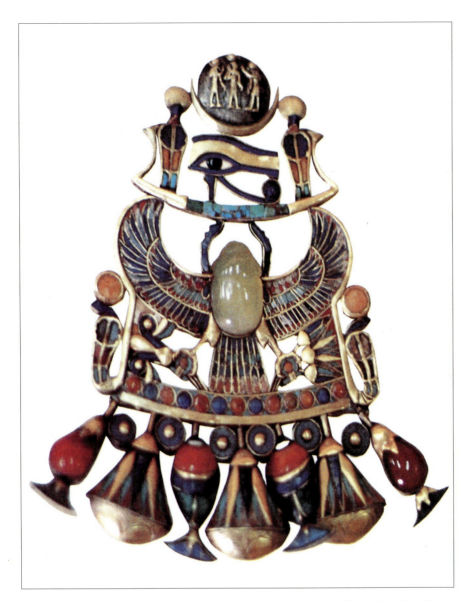

Ein Schmuckstück aus dem Grab des Tutanchamun. Ägyptischer Schmuck zeigt oft ein sehr hohes Niveau kunsthandwerklichen Könnens und wurde von seinem Besitzer sehr teuer bezahlt.

Cheops war über diese Geschichte so erfreut, daß er für den Geist Seneferus eine ähnliche Huldigung anordnete wie für Nebka und dem Ka Zazamankhs einen Laib Brot, eine Kiste Bier und eine Kiste Weihrauch zudachte.

DIE PROPHEZEIUNG DEDIS

Die dritte überlieferte Geschichte der Söhne Chufus ist unvollständig und wird hier nur teilweise wiedergegeben. Das überlieferte Ende und die verlorengegangene Fortsetzung beschreiben vermutlich die vergeblichen Versuche von Chufu, die Prophezeiung des Magiers Dedi hinsichtlich seiner Nachfolge zu umgehen. Die eigentliche Botschaft lautet, daß in der Akzeptanz des Schicksals die Quelle der Weisheit liegt.

Der dritte Sohn des Königs erklärte jedoch, daß er im Gegensatz zu seinen Brüdern, die Geschichten von Figuren längst vergangener Zeiten erzählten, eine magische Geschichte über einen Mann ihrer Zeit wisse.

Sein Name war Dedi, und er lebte in Dedsneferu. Er war einhundertundzehn Jahre alt und aß täglich fünfhundert Laibe Brot und ein halbes

Kleine irdene Krüge oder Flaschen, symbolische Behältnisse für Nahrung und den persönlichen Bedarf an Weihrauch, gehören zu den geläufigsten Funden in ägyptischen Gräbern.

109

Eine Felukke segelt auf dem Nil. Die Nilfelukke ist eines der ältesten Segelboote der Welt und hat viel Ähnlichkeit mit den Segelbooten des alten Ägyptens.

Rind; dazu trank er hundert Fässer Bier. Sein magisches Wissen war so umfassend, daß er einen Menschen oder ein Tier, dessen Kopf abgeschlagen worden war, wieder ins Leben zurückholen konnte. Er konnte wilde Bestien zähmen und kannte die Entwürfe des Hauses von Thot. Diese Entwürfe waren möglicherweise von großem Interesse für den König Chufu und könnten ihm bei dem Bau der Pyramide von Nutzen sein.

Chufu befahl seinem Sohn umgehend, diesen Dedi herzubringen, und der Prinz mit Namen Hordedef nahm ein Schiff und fuhr nilaufwärts zum Wohnort des ehrwürdigen Magiers. Er wurde in einer Sänfte zu Dedis Haus gebracht, welchen er auf einer Bettstatt nahe der Haustür antraf, während seine Sklaven ihn massierten.

Hordedef sprach zu ihm, daß er von weit her käme, um ihn zu seinem Vater Chufu zu bringen. Dedi antwortete mit einer Lobpreisung, und zusammen begaben sie sich zu dem Schiff, das den Prinzen hergebracht hatte. Dedi bat um ein Boot, damit er seine Sklaven und seine Bücher mitbringen könne. Es wurden ihm zwei Boote zur Verfügung gestellt, die beladen wurden, und Dedi selbst bestieg das Prunkschiff des Prinzen.

Pünktlich erreichten sie den Palast, woraufhin Hordedef dem König gleich verkünden ließ, daß er den alten Zauberer mitgebracht habe. Der Pharao gab sofort Anweisungen, sie vorzulassen, und als sie kamen, fragte er, wie es möglich sei, daß er noch nie zuvor von ihm gehört hatte. Der Zauberer antwortete: "Er kommt nur, wenn er gerufen wird; der König schickte nach mir und siehe! hier bin ich."

Chufu sprach zu ihm: "Stimmt es, was man von dir sagt, daß du einen Menschen oder ein Tier, dessen Kopf abgeschlagen wurde, wieder ins Leben zurückholen kannst?" Dedi entgegnete, daß er in der Tat zu einer solchen Meisterleistung der Magie in der Lage sei.

Ein hübsches Wandgemälde einer Gans aus Medûm, etwa 50 Kilometer nilaufwärts von Kairo.

Der König befahl sodann, einen Gefangenen holen zu lassen, aber Dedi bat ihn, keinen Mann für diesen Zweck zu mißbrauchen, und sprach: "Haltet ein, wir würden das nichtmal unserem Vieh antun." Also brachte man eine Ente und schnitt ihr den Kopf ab; der Körper wurde an die Westseite der Halle gelegt, der Kopf an die Ostseite. Dedi sprach nun einige Zauberworte, und siehe da! der Körper und der Kopf des Vogels bewegten sich aufeinander zu, fügten sich zusammen, und die Ente stand auf und quakte. Dedi führte denselben Zauber an einer Gans und an einem Ochsen aus. Chufu war hocherfreut über die gelungenen Experimente und befragte Dedi nun über die Entwürfe des Hauses von Thot. Der Magier antwortete, daß er ihre genaue Anzahl nicht kenne, aber daß er wisse, wo sie sich befinden. Der Pharao fragte also nach ihrem Versteck, und er erfuhr, daß sich in einer Kammer in Heliopolis, genannt die Kammer der Pläne, eine Kiste aus Wetzstein befand, in der die Entwürfe verborgen seien. Dedi fügte hinzu: "Oh mein König, nicht ich bin dazu ausersehen, sie zu Euch zu bringen."

"Wer sonst sollte sie mir bringen?" fragte Chufu.

Und Dedi antwortete: "Das älteste Kind von Rud-didet wird sie Euch bringen."

"Und wer ist Rud-didet?" fragte Chufu.

"Sie ist," entgegnete Dedi, "die Frau des Re-Priesters, des Herrn von Sakhebu. Aber ihre drei Söhne sind die Söhne des Gottes Re, der ihr versprochen hat, daß sie über dieses ganze Land herrschen werden und daß der Älteste von ihnen Hoherpriester in Heliopolis wird."

Des Königs Herz wurde unruhig, und Dedi, der sah, daß er Angst vor der Zukunft bekam, sprach zu ihm: "Habt keine Angst vor dem, was ich Euch gesagt habe, oh mein König; denn Euer Sohn wird herrschen und Euer Sohnes Sohn, ehe Rud-didets Sohn dieses Land regieren wird; und Sehet! dieser Nachkomme Res ist noch nicht geboren."

Chufu befahl daraufhin, dem Zauberer einen Platz im Palast von Hordedef zu geben und ihn täglich mit tausend Laiben Brot, mit hundert Fässern Bier, einem Ochsen und hundert Bündeln Zwiebeln zu versorgen.

Traditionelle Brotlaibe aus einer Bäckerei in Luxor.

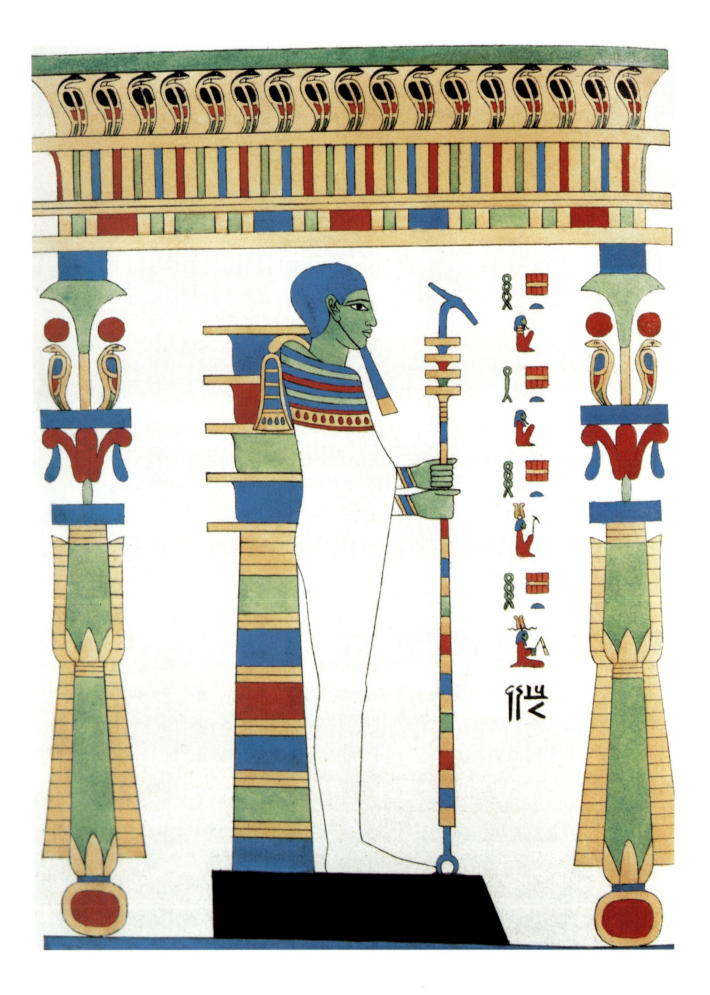

DIE LEGENDE DES SETNE

Der historische Sohn Ramses' II., Setne, Hoherpriester des Ptah, wird hier als Zauberer beschrieben. Er erhielt von dem Geist eines toten Magiers ein Buch voller Zaubersprüche, das ihn ins Verderben stürzte. Diese Legende ist auf einem Papyrus-Fragment in Kairo erhalten, das aus der Ptolemäerzeit stammt.

Der Prinz und Magier Setne unterhielt sich eines Tages mit einem der Weisen des Pharaos, welcher seinen Kräften gegenüber skeptisch war. Als Entgegnung auf dessen kritische Äußerungen hinsichtlich der Wirksamkeit der Magie bot Setne ihm an, ihn an einen Ort zu führen, an dem sich ein Zauberbuch befand, welches von Thot selbst geschrieben worden war; dieses sollte zwei besonders starke Zauberformeln enthalten, von denen die erste das gesamte Universum verzaubern konnte und so mächtig war, daß alle Tiere, Vögel und Fische damit beherrscht werden konnten. Die zweite ermöglichte einem Menschen in seiner Grabstätte Re am Himmel mit seinem Götterreigen erscheinen zu sehen sowie den Mond, wie er mit allen Sternen am Firmament aufgeht, und die Fische in den Tiefen des Ozeans.

Der weise Mann bat Setne daraufhin natürlich, ihm das Versteck dieses wundersamen Buches zu verraten, und erfuhr, daß es sich in der Grabstätte des Nefer-ka-Ptah in Memphis befand. Nun zog Setne in Begleitung seines Bruders los und verbrachte drei Tage und Nächte mit der Suche nach der Grabstätte Nefer-ka-Ptahs, bis er sie schließlich entdeckte.

Er sprach ein paar magische Formeln darüber, die Erde öffnete sich, und sie stiegen zur eigentlichen Grabkammer herab. Das Buch, das im Sarkophag lag, leuchtete so stark, daß sie keine Fackeln benötigten; und in diesem Licht bemerkten sie in dem Grab nicht nur dessen ursprünglichen Bewohner, sondern auch seine Frau und seinen Sohn, die eigentlich in Coptos begraben worden, aber in ihren Ka-Hüllen hergekommen waren, um bei ihrem Ehemann und Vater zu liegen. Setne erklärte ihnen, daß er das Buch gerne mitnehmen würde, aber Ahura, Nefer-ka-Ptahs Frau, bat ihn ernstlich, davon abzusehen, indem ihm erzählte, wie sein Besitz anderen bereits schweres Unglück zugefügt hatte.

Ihr Mann, so sagte sie, habe einen Großteil seiner Zeit mit dem Studium der Magie verbracht und für den Preis von einhundert Silberstücken und zwei besonders hübsch gearbeiteten Sarkophagen das Geheimnis des Versteckes dieses wunderbaren Buches vom Ptah-Priester erkauft. Das Buch befand sich in einer eisernen Kiste, versunken im Fluß von Coptos; in

Ein Gemälde von Ptah (gegenüber), Schutzgott des Handwerks und der Metallbearbeitung. Setne, Sohn von Ramses II., war ein Hoherpriester dieses Gottes.

Die außergewöhnliche Fruchtbarkeit des Nilufers hat stets eine große Zahl verschiedenartigster Vögel angezogen. Viele von denen, die wir heute sehen können, lassen sich in ägyptischen Gemälden ausmachen.

Sorgfältig dekoriertes Kästchen aus dem Antiquitätenmuseum in Kairo. Die ineinandergesteckten Kästchen mit dem von Setne gesuchten, magischen Buch, erinnern an die Sarkophage, die in ägyptischen Gräbern gefunden wurden.

Der Schlangengott Nef oder Neheb war eine Gottheit der Unterwelt und erinnert an die Weltschlange anderer Mythologien. Die Geschichte des Kampfes von Nefer-ka-Ptah mit der Schlange um das Zauberbuch muß für die Ägypter große mythologische Bedeutung gehabt haben.

der eisernen Kiste lag eine bronzene Kiste; darin wiederum eine Kiste aus Palmenholz, die eine Kiste aus Ebenholz und Elfenbein enthielt; in dieser befand sich eine silberne Kiste, die schließlich eine goldene Kiste barg, welche nun letztendlich das Behältnis des Buches war. Darin wimmelte es von Schlangen und giftigen Reptilien aller Art, die das Buch bewachten, und eine unsterbliche Schlange hielt es umschlungen.

Nefer-ka-Ptah brach mit seiner Frau und seinem Kind nach Coptos auf, wo er vom Hohenpriester das Modell eines schwimmenden Floßes erhielt sowie Figuren von Arbeitern, die mit den erforderlichen Werkzeugen ausgestattet waren. Er besprach sie mit Beschwörungsformeln, so daß sie zum Leben erwachten. Kurz darauf machten sie die Kiste ausfindig, und Nefer-ka-Ptah schlug mit Hilfe weiterer magischer Formeln die Reptilien in die Flucht. Zweimal schlug er die große Schlange, die die eiserne Kiste umschlungen hielt, tot, aber jedesmal wurde sie wieder lebendig. Beim dritten Mal trennte er sie in der Mitte durch und schaufelte Sand zwischen die beiden Teile, so daß sie sich nicht mehr zusammenfügen konnten.

Er öffnete die verschiedenen Kisten, nahm das mysteriöse Buch heraus und las die erste Formel. Diese machte ihn mit allen Geheimnissen des Himmels und der Erde vertraut. Er las die zweite und sah die Sonne mit allen Göttern an den Himmeln aufsteigen. Seine Frau folgte seinem Beispiel mit ähnlichen Ergebnissen. Nefer-ka-Ptah übertrug die Formeln alsdann auf ein Stück Papyrus, das er mit Weihrauch bestreute; das Ganze löste er in Wasser auf und trank es aus, um sicher zu gehen, daß ihm das Wissen um diese Formeln auf ewig erhalten bleibe.

Eine Partie Dame mit einem Toten

Aber der Gott Thot war erzürnt wegen dem, was er getan hatte, und informierte Re über diese frevelhafte Tat. Re entschied umgehend, daß Nefer-ka-Ptah, seine Frau und sein Kind niemals nach Memphis zurückkehren sollten; und auf dem Rückweg nach Coptos fielen Ahura und ihr Sohn in den Fluß und ertranken. Kurz darauf ereilte Nefer-ka-Ptah ein ähnliches Schicksal.

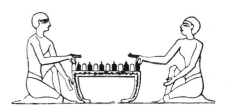

Ägypter beim Damespiel. Auch andere Brettspiele, wie Backgammon zum Beispiel, haaben wahrscheinlich ihren Ursprung in Ägypten.

Diese Geschichte schreckte Setne jedoch nicht ab, der weiterhin fest entschlossen war, in den Besitz des Buches zu gelangen. Der körperlose Nefer-ka-Ptah schlug vor, in einer Partie Dame um den Besitz zu spielen; der Gewinner sollte das Buch behalten. Darauf ging Setne ein. Nefer-ka-Ptah tat alles, um zu gewinnen, zuerst auf ehrliche Weise, dann mit Betrügereien, aber am Schluß verlor er doch.

Setne bat seinen Bruder, der ihn in das Mausoleum begleitet hatte, nach oben zu steigen und ihm die magischen Schriften zu bringen. Dieser tat, wie ihm geheißen, und die Formeln begannen auf Setne zu wirken, der das wundersame Buch Thots ergriff und mit unglaublicher Schnelligkeit in den Himmel aufstieg.

Bei seinem Fortgang bemerkte Nefer-ka-Ptah jedoch zu seiner Frau, daß er bald zurückkehren werde. Die Prophezeiung Ahuras, daß Unglück über Setne kommen werde, wenn er das Buch behalte, sollte sich tatsächlich erfüllen. Er wurde von einem wunderschönen Sukkubus gequält, der ihn nicht nur überredete, all seine Besitztümer auf ihn zu übertragen, sondern ihn darüberhinaus auch dazu brachte, all seine Kinder umzubringen, um diese Übertragung zu garantieren. Seine Schwierigkeiten wurden so übermächtig, daß der Pharao im befahl, das Buch in die Obhut von Nefer-ka-Ptah zurückzubringen.

DIE HISTORISCHE WAHRHEIT ÜBER SETNE UND SEINEN SOHN SE-OSIRIS

Diese lange Geschichte über den Sohn des Magiers Setne ist in einem Papyrus überliefert, der aus der Ptolemäerzeit stammt und heute im Britischen Museum liegt. Er enthält eine Beschreibung des Jenseits, welche mit den Einzelheiten des *Totenbuchs* übereinstimmt, und der Magierwettstreit, der den Höhepunkt bildet, bringt die Vorurteile ans Licht, die die Einwohner Unterägyptens gegen die Bewohner des Oberen Nils hegten.

Es war einmal ein König namens Ousimares, der hatte einen Sohn mit Namen Setne. Dieser Sohn war ein Schreiber; mit seinen Händen war er tatsächlich vielseitig begabt, und er tat sich in allen gelehrten Künsten Ägyptens hervor.

Es begab sich, daß die Regenten einiger anderer Länder Botschaften an den Pharao sandten und ihn zu einem Weisheitswettstreit forderten. Wenn ein ägyptischer Weiser ein Rätsel lösen konnte, welches sie stellten, würden diese Regenten die Unterlegenheit ihres Landes gegenüber Ägypten anerkennen; sollte jedoch kein Schreiber oder weiser Mann Ägyptens das Rätsel lösen können, so würden sie die Unterlegenheit Ägyptens erklären. So rief Ousimares seinen Sohn Setne zu sich und wiederholte ihm diese Worte; dieser gab umgehend die Antwort auf das Rätsel, so daß sich die Bedingungen erfüllten und die Überlegenheit Ägyptens proklamiert wurde. So wurden die anderen Regenten um ihren Triumph gebracht, und Setnes Weisheit war so überragend, daß niemals wieder jemand wagte, dem Pharao ähnliche Botschaften zu senden.

Der Gott Imhotep, historisch der erste
Minister Djosers und Architekt der
Stufenpyramide, wurde später von den
Ägyptern als Gott des Lernens und der
Medizin verehrt.

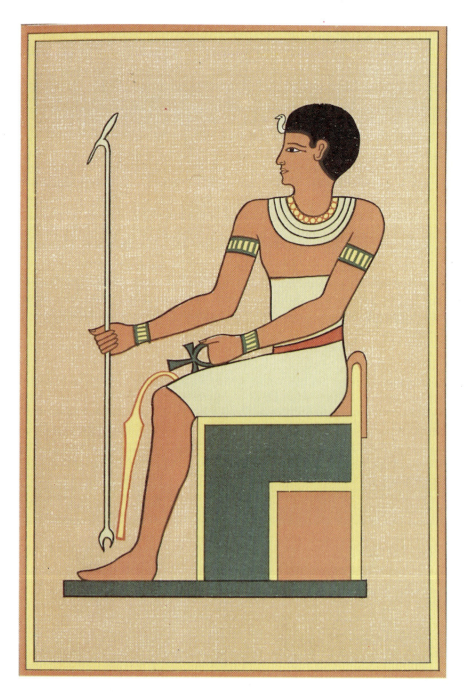

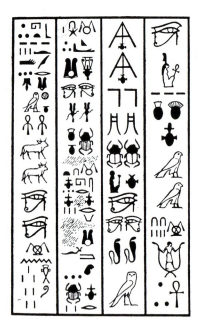

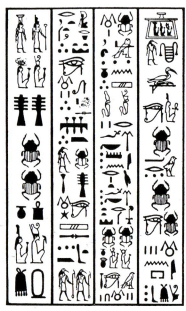

Amulette – tragbare Inschriften zur
Abwendung des Bösen – wurden zu
allen Zeiten getragen. Hier Teile einer
Sequenz von 104, die mit Osiris
assoziiert werden.

Nun waren Setne und seine Frau Mahitouaskhit sehr bekümmert, da
sie keine Kinder hatten. Eines Tages, als er deshalb noch aufgewühlter war
als sonst, ging seine Frau zum Imhotep-Tempel und betete: "Wende mir
Dein Antlitz zu, oh Imhotep, Sohn des Ptah, Du, der Du Wunder vollbringen kannst, der Du Güte in all Deinen Taten zeigst. Es liegt in Deiner Macht,
denen Kinder zu schenken, die kinderlos sind. Oh, erhöre mein Gebet, und
laß mich einen Sohn gebären!"

Und in dieser Nacht schlief Mahitouaskhit im Tempel, und sie träumte
einen Traum, in dem sie angeleitet wurde, ein Zaubermittel zuzubereiten,
und ihr gesagt wurde, daß mit diesem Mittel ihr Wunsch nach einem Kind in
Erfüllung gehen werde. Als sie erwachte, tat sie genau, wie in ihrem Traum
geheißen, und nach einiger Zeit empfingen sie und Setne ein Kind. Setne
erzählte dem Pharao voller Freude von dem Ereignis und gab seiner Frau zu
ihrem Schutz ein Amulett und bedachte sie mit magischen Sprüchen.

Eines Nachts träumte Setne, und eine Stimme sprach zu ihm: "Mahitouaskhit, deine Frau, wird einen Sohn zur Welt bringen, und durch ihn

werden in Ägypten zahlreiche Wunder vollbracht werden. Und der Name deines Sohnes soll Se-Osiris sein." Als Setne erwachte und sich an diese Worte erinnerte, freute er sich, und sein Herz frohlockte.

Se-Osiris

Als die Zeit sich erfüllte, wurde ein Sohn geboren, und nach dem Traum wurde er Se-Osiris genannt. Und das Kind entwickelte sich im Verhältnis zu allen anderen Kindern ungewöhnlich schnell, und Setne liebte es so sehr, daß kaum ein Stunde verging, in der er nicht bei ihm war. Als er anfing, zur Schule zu gehen, zeigte sich schnell, daß er mehr wußte, als sein Lehrer ihm beibringen konnte. Er begann, die magischen Papyri mit den priesterlichen Schriften im "Doppelten Haus des Lichts" des Ptah-Tempels zu lesen, und alle um ihn herum waren überwältigt vor Staunen. Darüber war Setne so glücklich, daß er seinen Sohn während einer Feierlichkeit vor den Pharao brachte, so daß alle Magier des Königs sich mit ihm an Weisheit messen konnten und ihre Unterlegenheit eingestehen mußten.

Während Setne und sein Sohn Se-Osiris sich auf das Fest vorbereiteten, erhob sich ein lautes Wehklagen, und Setne, der von der Terasse seiner Wohnstatt blickte, sah den Körper eines reichen Mannes, der in die Berge

Das unvollendete Grab des Ramose, einem Wesir und Gouverneur Thebens. Viele Ägypter, auch von bescheidenem Wohlstand, waren in der Lage, sich kunstvolle Grabausstattungen und Bestattungsriten zu leisten, die häufig auch die vollständige Mumifizierung einschlossen.

gebracht wurde, um dort mit großen Ehren und lautem Klagegeschrei begraben zu werden. Er schaute erneut in die Ferne, und diesmal sah er den Körper eines Bauern, der in einer Strohmatte getragen und von keiner Seele betrauert wurde. Als er das sah, rief Setne aus: "Bei Osiris, dem Gott von Amenti, möge ich wie dieser reiche Mann nach Amenti kommen, geehrt und betrauert, und nicht wie dieser Bauer, allein und bereits vergessen!"

Eine Alabastersphinx aus Memphis, der Hauptstadt des alten Reiches. Memphis liegt heute in den Randgebieten Kairos, und die von Setne besuchten Berge sind die Hügel, die die Stadt umgeben.

Als er das hörte, sprach Se-Osiris: "Nein, mein Vater, lieber soll das Schicksal des armen Mannes das deinige sein, nicht das des Reichen!"

Setne war erstaunt und verletzt, als er diese Worte hörte, und weinte: "Spricht so ein Sohn, der seinen Vater liebt?"

Se-Osiris entgegnete ihm: "Mein Vater, ich werde dir einen jeden an seinem Platz zeigen, den unbetrauerten Bauern und den so beklagten reichen Mann."

Eine Vision von Amenti

Darauf wollte Setne von ihm wissen, wie er das möglich machen wolle. Das Kind Se-Osiris begann, Worte aus den magischen Büchern zu rezitieren, machtvolle Worte. Dann nahm er seinen Vater bei der Hand und führte ihn zu einem unbekannten Ort in den Bergen von Memphis.

Hier befanden sich sieben geräumige Hallen voller Menschen in unterschiedlichsten Verfassungen. Sie durchquerten drei davon, ohne auf Hindernisse zu stoßen. Als sie die vierte Halle betraten, sah Setne eine Horde Menschen, die herumhetzten und sich wanden, da wilde Kreaturen sie von hinten angriffen; andere sprangen halb verhungert mühevoll hoch, um an Eßbares zu gelangen, das über ihnen aufgehängt war, während andere Kreaturen Löcher zu ihren Füßen gruben, um sie an ihrem Vorhaben zu hindern. In der fünften Halle befanden sich ehrwürdige Geister, die ihren Platz gefunden hatten, während diejenigen, die irgendwelcher Verbrechen angeklagt waren, kniend vor der Tür ausharrten, welche sich über dem Auge eines Mannes drehte, der unablässig betete und stöhnte.

In der sechsten Halle sahen sie die Götter von Amenti, die – jeder an seinem Platz – Rat hielten, während die Türwachen die Fälle ausriefen. In der siebten Halle saß der große Gott Osiris auf einem goldenen Thron, gekrönt mit einem gefiederten Diadem. Zu seiner Linken saß Anubis und zu seiner Rechten der Gott Thot. In der Mitte stand die Waage, in der die Sünden und Tugenden der Seelen der Verstorbenen gegeneinander abgewogen wurden, woraufhin Thot das Urteil niederschrieb, welches Anubis aussprach.

Dann wurden diejenigen, deren Sünden die Tugenden überwogen, Amait übergeben, dem Wächter des Herrn von Amenti; ihre Seelen und Körper wurden für immer zerstört. Doch diejenigen, deren Tugenden ihre Verfehlungen übertrafen, erhielten einen Platz zwischen den Göttern und Geistern, und ihre Seelen fanden das Himmelreich. Diejenigen hingegen, deren Verdienste und Sünden sich aufwogen, wurden zu Dienern des Sekerosiris.

Nun sah Setne neben Osiris jemanden von hochgestelltem Rang, der in feinstes Leinen gekleidet war. Und während Setne sich noch über all das im Land von Amenti Gesehene wunderte, sprach Se-Osiris, sein kleiner Sohn, zu ihm: "Mein Vater Setne, siehst du diese großartige Persönlichkeit in edlen Gewändern bei Osiris? Erinnerst du dich an den Bauern, den du gesehen hast, als er aus Memphis herausgetragen wurde, ohne eine Seele, die ihn begleitete, und den Körper in eine Strohmatte gewickelt? Nun, die-

Der falkenköpfige Sokar-Osiris ausgestreckt auf einer Bahre zwischen Isis und Nephthys. Sokar-Osiris war eine Gottheit, die die Attribute des Osiris mit denen des Sokar, der anderen großen Gottheit der Unterwelt, vereinte. Er war der Herr der ägyptischen Version des Fegefeuers.

Bilder von Arbeitern, die Backsteine herstellen. Obwohl sich ein Großteil der ägyptischen Mythologie mit aristokratischen Charakteren befaßt, hatte das alte Ägypten dennoch eine breite Arbeiterschicht, die die religiösen Interessen ihrer Herrscher teilte.

ser Bauer ist der Mann neben Osiris! Als er nach Amenti kam und seine Sünden gegen seine Tugenden aufgewogen wurden, siehe! da überwogen seine Tugenden bei weitem alles andere. Und nach dem Urteil der Götter wurden alle Ehren, die dem reichen Mann zu eigen waren, dem Bauern übertragen, und nach dem Gesetz von Osiris nahm er seinen Platz zwischen den Ehrwürdigen und Erhöhten ein. Als aber der reiche Mann in den Hades kam und seine Verdienste abgewogen wurden, siehe! da wogen seine Sünden sehr viel schwerer; nun er ist der Mann, auf dessen Auge sich die Tür der fünften Halle dreht, der Mann, der in großer Agonie laut klagt und betet. Bei Osiris, dem Gott von Amenti, als ich auf der Erde zu dir sagte: 'Möge lieber das Schicksal des Bauern das deinige sein, als das des reichen Mannes', dann tat ich es, weil ich ihre Schicksale kannte, mein Vater."

Und Setne antwortete und sprach: "Mein Sohn Se-Osiris, ich habe zahllose wunderliche Dinge in Amenti gesehen; aber was hat es mit den Menschen auf sich, die wir vor den Kreaturen fliehen sahen, die sie verschlingen wollten, und mit denen, die sich ständig nach Eßbarem abmühen, was außer ihrer Reichweite hängt."

Se-Osiris entgegnete: "In Wahrheit, mein Vater, stehen sie unter dem Fluch der Götter; es sind diejenigen, die auf der Erde ihr Hab und Gut verschwendeten, und die Kreaturen, die sie ohne Unterlaß verschlingen, sind die Frauen, mit denen sie sowohl ihr Leben als auch ihre Güter vergeudeten, und nun haben sie nichts mehr, obwohl sie Tag und Nacht arbeiten. Und so verhält es sich mit allem: Entsprechend ihrem Leben auf der Erde, wird es ihnen in Amenti ergehen, ganz nach ihren guten und bösen Taten. Das ist das unabänderliche Gesetz der Götter, dieses Gesetz kennt keine Änderung, und ihm werden alle Menschen nach dem Tod unterstellt."

Daraufhin verließen Setne und sein Sohn Hand in Hand die Berge von Memphis. Setne sorgte sich um Se-Osiris, der still geblieben war, und so

Eine förmliche Audienz, einem ägyptischen Originalgemälde nachempfunden. In diesem Fall empfängt der Gott Amun-Re (sitzend), in Begleitung des Gottes Chons und der Göttin Maat, den knienden Ramses II. in Anwesenheit seines Vaters Sethos I. (links).

sprach er einige Formeln, um die Geister der Toten zu vertreiben. Er erinnerte sich auf ewig an das Gesehene, und seine Verwunderung blieb groß, aber er sprach zu niemandem davon.

Und als Se-Osiris das zwölfte Lebensjahr erreichte, gab es in Memphis keinen Schreiber oder Magier, der es mit ihm beim Lesen der magischen Bücher aufnehmen konnte.

Die Lesung des versiegelten Briefes

Nach diesen Geschehnissen saß der Pharao Ousimares eines Tages in der Audienzhalle mit seinen Prinzen, den Militärbefehlshabern und den Edelleuten Ägyptens, jeder seinem Rang entsprechend um ihn versammelt. Einer sprach zum Pharao: "Es ist ein heimtückischer Äthiopier hier, der gern bei Euch vorsprechen würde und einen versiegelten Brief mit sich trägt." Der Pharao ließ den Mann zu sich bringen. Als er kam, verneigte er sich und sprach: "Ich trage hier einen versiegelten Brief bei mir, und ich würde gern wissen, ob es unter Euren weisen Männern einen gibt, der seinen Inhalt lesen kann, ohne die Siegel zu brechen. Wenn Ihr, ehrwürdiger König, niemanden unter Euren Schreibern und Magiern habt, der dazu in der Lage ist, werde ich in mein Land, das Land des Schwarzen Mannes, zurückkehren mit dem Bericht des Versagens und der Unterlegenheit Ägyptens."

Eine ägyptische Edelfrau, die von einer schwarzen und einer weißen Sklavin bedient wird. Der kulturelle Kontakt der Ägypter mit Schwarzafrika, vor allem Äthiopien, war intensiv.

Als sie diese Worte hörten, waren alle sehr erstaunt, und diejenigen, die nahe beim König saßen, schrien laut auf, während der Pharao nach seinem Sohn Setne schickte. Als er kam, nachdem er dem königlichen Befehl umgehend Folge geleistet und sich tief vor ihm verbeugt hatte, sprach der Pharao: "Mein Sohn Setne, hast du die Worte dieses anmaßenden Äthiopiers gehört?" und wiederholte ihm die Herausforderung.

Setne war erstaunt, antwortete aber sogleich: "Großer Herr, wer kann wohl einen Brief lesen, ohne daß er geöffnet und vor ihm ausgerollt wurde? Aber wenn du mir zehn Tage Zeit läßt, so werde ich darüber nachdenken und tun, was in meiner Macht steht, um zu verhindern, daß der Bericht von Ägyptens Versagen zu den Schwarzen Männern, den Gummikauern, gelangt."

Und der Pharao sagte: "Ich will dir diese Tage gewähren, mein Sohn." Dann wurden Räume für den Äthiopier hergerichtet, und der Pharao verließ schweren Herzens seinen Palast und ließ sich ohne zu essen auf seiner Bettstatt nieder.

Auch Setne, in tiefes Nachdenken versunken und sehr aufgewühlt, ließ sich auf seiner Bettstatt nieder, fand aber keine Ruhe. Seine Frau Mahitouaskhit kam zu ihm und hätte gern seine Sorgen geteilt, aber er sagte, es sei nichts, das eine Frau teilen oder bei dem sie ihm helfen könne. Später kam sein Sohn Se-Osiris zu ihm und wollte wissen, was seinen Vater so tief betrübte, und Setne lehnte erneut ab, darüber zu sprechen, indem er sagte, es sei nichts für ein Kind. Aber der Junge gab nicht nach, und schließlich erzählte Setne ihm von der Herausforderung des Äthiopiers. Als er geendet hatte, fing Se-Osiris an zu lachen, und sein Vater fragte nach dem Grund seiner Heiterkeit.

"Mein Vater", antwortete er, "ich lache, weil ich dich wegen einer solchen Kleinigkeit so schweren Herzens sehe. Ich werde diesen Brief des Äthiopiers lesen, und zwar ohne die Siegel zu brechen."

Als er das hörte, erhob sich Setne sogleich. "Wie kannst du mir beweisen, daß du die Wahrheit sagst, mein Sohn?"

Se-Osiris antwortete: "Mein Vater, geh nach unten und nimm einige beliebige Bücher von ihrem Platz. Ich werde dir dann das lesen, welches du auswählst, während ich vor dir stehe."

Und es geschah, wie Se-Osiris gesagt hatte. Jedes Buch, das der Vater nahm, las der Junge, ohne daß es geöffnet wurde. Setne verlor nun keine Zeit mehr und setzte den Pharao davon in Kenntnis, was Se-Osiris vollbracht hatte, und das Herz des Pharaos war so hocherfreut, daß er ein großes Fest zu Ehren von Setne und seinem jungen Sohn gab.

Dann schickte der Pharao nach dem Äthiopier. Und als dieser die Audienzhalle betrat, wurde er in die Mitte der Versammlung gestellt und der junge Se-Osiris neben ihn. Aber zuerst belegte der Junge den Mann und seine Götter mit einem Fluch für den Fall, daß dieser es wagen würde zu sagen, was er lese sei falsch. Und als der Äthiopier den Jungen sah, warf er sich voller Furcht vor ihm auf den Boden. Dann begann Se-Osiris den Brief mit den ungebrochenen Siegeln vorzulesen, und alle hörten seine Stimme. Die Worte lauteten:

Der Inhalt des Briefes

"Es trug sich unter der Regierung des Pharao Manakhphre-Siamon zu, der ein wohlwollender Herrscher war und zu dessen Lebzeit das Land von allen Dingen im Überfluß hatte und die Tempel reichlich bedacht wurden, daß, als der König von Nubien im Lusthaus des Amen weilte, dieser zufällig die Stimmen dreier Äthiopier hörte, welche hinter dem Haus miteinander sprachen. Einer von ihnen sprach mit hoher Stimme und sagte unter anderem, daß, wenn der Gott Amen ihn vor der Feindschaft des Königs von Ägypten bewahre, er einen Zauber über das Volk dieses Landes legen würde, woraufhin eine große Dunkelheit regiere und die Menschen für drei Tage und Nächte den Mond nicht sähen.

"Dann sagte der zweite Mann, daß, wenn Amen ihn schützen würde, er dafür Sorge trage, daß der Pharao in das Land der Schwarzen Männer gebracht werde, wo er vor dem König des Landes und in aller Öffentlichkeit fünfhundert Schläge zu leiden habe, und anschließend in nicht mehr als sechs Stunden in sein Land zurückgebracht würde.

"Danach sprach der dritte Mann und sagte, daß, wenn Amen ihm beistehe, er einen Fluch über das Land Ägypten schicken werde, einen Fluch, der drei Jahre andauern solle. Als der König das hörte, befahl er, diese drei Männer zu ihm zu bringen. Er sprach zu ihnen: 'Wer von euch hat gesagt, er würde davor sorgen, daß das Volk von Ägypten für drei Tage und drei Nächte den Mond nicht zu sehen bekäme?' Und sie antworteten, es sei Horus, der Sohn der Tririt (der Sau), gewesen.

"Wieder sprach der König: 'Wer von euch hat gesagt, er habe die Macht, den König von Ägypten fortbringen zu lassen?' Und sie antworteten, es sei Horus, der Sohn der Tnahsit (der Negerin), gewesen.

Der Gott Amun, hier in seiner Gestalt als Amun-Re, ist stets an seinem hohen Kopfschmuckk erkennbar.

"Wieder sprach der König: 'Wer von euch hat gesagt, er würde einen Fluch über Ägypten kommen lassen?' Und sie antworteten, es sei Horus, der Sohn der Triphit (der Prinzessin), gewesen.

"Dann forderte der König Horus, den Sohn der Tnahsit, auf näherzukommen und sagte zu ihm: 'Bei Amen, dem Stier von Meroe, wenn Du vollbringen kannst, wie Du gesagt hast, so wirst Du reich dafür entlohnt werden.'

"Und Horus, der Sohn der Tnahsit, fertigte eine Sänfte mit vier Trägern aus Wachs. Über sie sang er magische Worte, er hauchte sie an und erweckte sie zum Leben; schließlich befahl er ihnen, nach Ägypten zu gehen und den König des Landes herzubringen, damit er fünfhundert Schläge vor dem König der Schwarzen Männer erhalten könne."

An dieser Stelle hielt Se-Osiris inne, wandte sich dem Äthiopier zu und sagte: "Der Fluch Amens komme über Dich! Diese Worte, die ich gesprochen habe, stehen sie nicht in dem Brief, den Du in Deiner Hand hälst?"

Und der heimtückische Äthiopier verneigte sich tief vor ihm und sagte: "Sie stehen dort geschrieben, mein Herr!"

Dann fuhr Se-Osiris mit dem magischen Lesen fort: "Und alles geschah, wie Horus, Sohn der Tnahsit, geheißen hatte. Durch die Macht des Zaubers wurde der Pharao in das Land der Schwarzen Männer gebracht und erhielt dort fünfhundert Schläge mit dem Kourbash. Danach wurde er nach Ägypten zurückgebracht, wie bestimmt worden war, und als er am nächsten Morgen im Horus-Tempel erwachte, hatte er große Schmerzen, und sein ganzer Körper war wund.

"Verwirrt fragte er seine Höflinge, wie so etwas in Ägypten hatte passieren können. Diese dachten, ihr König sei vom Wahnsinn befallen, schämten sich aber sogleich ihrer Gedanken und sprachen beruhigend auf ihn ein, daß die großen Götter sein Leid sicher bald lindern würden. Aber sie fragten ihn weiterhin nach der Bedeutung seiner seltsamen Worte, und er erinnerte sich plötzlich an alles, was sich zugetragen hatte, und erzählte seinen Höflingen davon."

Der Pharao Horemheb wird in einer Sänfte getragen. Ihr voran gehen ein Priester und drei nubische Sklaven. Das Königreich Nubien unterhielt in seiner Geschichte eine eher unruhige Beziehung zu Ägypten.

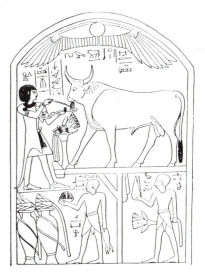

Der Heilige Bullle von Meroe, den wir hier sehen, wurde als eine weitere Gestalt des Amun angesehen.

Die außergewöhnliche Darstellung
eines ägyptischen Zauberers.
Reproduktion eines irdenen Amuletts.

Magie gegen Magie

"Als sie seinen geschundenen Körper sahen, erhoben sie ein lautes Geschrei. Dann schickte der Pharao nach seinem obersten Magier, welcher sogleich ausrief, daß das Übel und das Leid, welche dem König zuteil geworden waren, den Zaubereien der Äthiopier zuzuschreiben seien.

"'Beim Leben des Ptah', fuhr er fort, 'ich werde dafür sorgen, daß sie gequält und hingerichtet werden.' Und der Pharao bat ihn, so schnell als möglich zu handeln, damit der Zauber der Äthiopier ihn in der nächsten Nacht nicht erneut heimsuche. Der oberste Magier brachte seine geheimen Bücher und Amulette zum Ruhelager des Pharaos und sang magische Formeln und Beschwörungen über ihn. Dann bestieg er mit vielen Gaben ein Boot und eilte zum Tempel von Khmounon, wo er zum Gott Thot betete, daß alles Übel vom Pharao und dem Land Ägypten abgewendet werden möge. Und in dieser Nacht schlief er im Tempel und träumte einen Traum, in dem ihm der Gott Thot erschien und ihn einen göttlichen Zauber lehrte, der den König vor den Listen der Äthiopier bewahren würde.

"Als er aufwachte, erinnerte der Magier sich an alles, und ohne Zeit zu verlieren, tat er, wie ihm in seinem Traum geheißen. Dann schrieb er die Zauberformel auf, die den Pharao vor allen Zaubern schützen würde. Am zweiten Tag versuchten die Äthiopier, ihren Zauber zu erneuern, aber alle Versuche scheiterten. Am dritten Morgen erzählte der Pharao seinen Magiern, was sich während der Nacht zugetragen hatte und wie die Äthiopier in ihren Versuchen gescheitert waren.

"Dann formte der ägyptische Magier eine Sänfte und vier Träger aus Wachs. Er besprach sie mit einem Zauber und hauchte ihnen Leben ein,

Sorgfältig gearbeitete
Reliefschnitzereien und Inschrifteeen
auf einem ägyptischen Amulett sollten
den Träger vor dem Biß des schwarzen
Skorpions beschützen.

woraufhin er sie fortschickte, um den König der Schwarzen Männer vor den Pharao zu bringen, damit dieser fünfhundert Schläge auf seinen Körper erleiden möge und dann wieder in sein Land zurückgebracht werde. Und die Wachsfiguren versprachen, alles so auszuführen, wie der Magier es angeordnet hatte."

Se-Osiris hielt erneut inne und fragte den Äthiopier, ob seine Worte nicht mit den Worten des versiegelten Briefes übereinstimmten. Und der Äthiopier verbeugte sich bis zum Boden und sagte, daß seine Worte die ganze Wahrheit seien. Se-Osiris fuhr fort, die verschlossenen Worte zu lesen:

"Und was mit dem Pharao geschehen war, wurde nun zum Schicksal des Königs der Schwarzen Männer, der am nächsten Morgen arg geschunden erwachte. Er rief laut nach seinen Höflingen, und als diese den Zustand ihres Königs sahen, erhoben sie lautes Geschrei. Er befahl, Horus, den Sohn der Tnahsit, zu ihm zu bringen. Als er kam, machte der König ihm schwere Vorwürfe und beorderte ihn nach Ägypten, um herauszufinden, wie er den König vor dem Zauber des obersten Magiers des Pharaos schützen konnte.

"Aber kein Zauber des Äthiopiers konnte den König vor der Magie der Ägypter schützen, und so wurde er dreimal in ihr Land gebracht und gedemütigt, während sein Körper ihm große Schmerzen bereitete, da er so arg geschunden war. So verfluchte er Horus, den Sohn der Tnahsit, und drohte ihm einen langsamen und fürchterlichen Tod an, falls er ihn nicht vor der Rache des Pharaos schützen konnte.

"Voller Furcht und Sorge ging Horus zu seiner Mutter Tnahsit und erzählte ihr alles, und daß er nach Ägypten gehen müsse, um zu sehen, wer diesen mächtigen Zauber bewirkt habe, und um eine passende Strafe für ihn zu finden. Als seine Mutter Tnahsit das hörte, warnte sie ihn davor, in die Nähe des obersten Magiers des Pharaos zu kommen, da er ihm nicht gewachsen sei. Aber er entgegnete, daß er gehen müsse.

"Also machte sie mit ihm Zeichen und Signale aus, mit deren Hilfe er sie wissen lassen sollte, wie es ihm erging, und wenn er sich in Gefahr befände, könnte sie versuchen, ihn zu retten. Er versprach es und sagte, daß, wenn er bezwungen würde, alles, was sie äße und tränke, wie auch der Himmel über ihnen die Farbe des Blutes annehmen werde."

Die von dem ägyptischen Magier heraufbeschworene Sänfte mit vier Trägern war ein verbreitetes Transportmittel unter den Adligen: hier sehen wir einen militärischen Kommandeur in solch einer Sänfte, wobei ihm einer der Begleiter eine Art Sonnenschirm hält.

Der Krieg der Magier

Hieroglyphen aus dem Grab von Ramses I. bei Luxor. Das System der Bilderschrift tauchte etwa um 3000 v. Chr. auf. Zunächst bezeichnete jedes Piktogramm ein Objekt, aber mit der Weiterentwicklung des System wurden die Symbole stellvertretend für Laute eingesetzt.

"Anschließend brach er nach Ägypten auf und suchte den Magier, dessen Zauber seinen eigenen übertroffen hatte. Er drang in die königliche Audienzhalle ein, trat vor den Pharao und schrie mit hoher Stimme: 'Wer von Euch hat mich mit diesem Bann belegt?'

"Und des Pharaos oberster Magier rief zur Antwort aus: 'Ha! Äthiopier, Du bist es also, der das Böse gegen den Pharao gewirkt hat?' Horus, Sohn der Tnahsit, schrie vor Wut laut auf und verursachte mit einem

Zauber eine große Flamme, die sich mitten in der Halle erhob, so daß der Pharao und die Ägypter nach Rettung durch ihren obersten Magier riefen. Durch seine Zauberkraft bewirkte der Magier einen Regenschauer, der die Flamme löschte.

"Wieder bediente der Äthiopier sich seiner Magie und ließ eine tiefe Dunkelheit über alle herabsinken, so daß niemand mehr etwas sehen konnte, aber der Magier der Ägypter vereitelte auch diese. Horus, Sohn der Tnahsit, ließ weitere Beschwörungen folgen, die aber alle zunichte gemacht wurden.

"Schließlich bat er um Gnade und schwor vor den Göttern, daß er Ägypten oder dem Pharao niemals wieder Schwierigkeiten bereiten würde. Sie gaben ihm ein Schiff und schickten ihn in sein Land zurück. So waren die Magien des Äthiopiers zunichte gemacht worden."

Damit hatte Se-Osiris den versiegelten Brief zu Ende gelesen. Und dann begann er vor allen Anwesenden – dem Pharao, den Prinzen und den Edelleuten – zu enthüllen, daß dieser Äthiopier, der jetzt vor ihnen stand, kein anderer war, als Horus, Sohn der Tnahsit, der nach fünfhundert Jahren zurückkehrt war, um Ägypten und seinem König erneut Schwierigkeiten zu bereiten. Aber in diesen Tagen wiederum war er selbst, Se-Osiris, wiedergeboren worden, denn er war der frühere oberste Magier des Pharaos Manakhphre, der zurückkehrt war, um Ägypten und seinen Pharao erneut vor den Listen der Äthiopier zu bewahren.

Und mit diesen Worten ließ er eine große Flamme auflodern, die den Äthiopier mitten in der Audienzhalle verschlang, so daß keine Spur dieser Kreatur zurückblieb. Doch als man anschließend nach Se-Osiris suchte, entdeckte man, daß auch er wie ein Schatten vor den Augen des Pharaos und seines Vaters Setne verschwunden war, und niemand sah ihn jemals wieder.

Nach diesen Vorfällen waren alle tief verwundert, und der Pharao sprach, daß Se-Osiris der weiseste und wunderbarste aller Magier sei und daß niemand auf der ganzen Welt ihm jemals gleichkäme.

Aber die Herzen von Setne und seiner Frau waren schwer, und sie trauerten sehr um ihren Sohn Se-Osiris. Dann erfuhren sie Trost, als Setnes Frau erneut ein Sohn geboren wurde, und sie nannten ihn Ousimanthor. So erfüllte sich Setnes Herz wieder mit Freude, und er brachte im Andenken an Se-Osiris reiche Opfer dar.

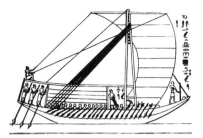

Große ägyptische Boote, wie das, das der ägyptische Magier verwendete, um in sein Heimatland zurückzukehren, waren sowohl segel- als auch ruderbetrieben. Da Bauholz stets knapp war, wurden selbst die Rümpfe der größten Boote aus riesigen Mengen Papyrusrohr gefertigt.

Ägyptische Prinzen, die stilvoll in leichten Zweispännern reisen.

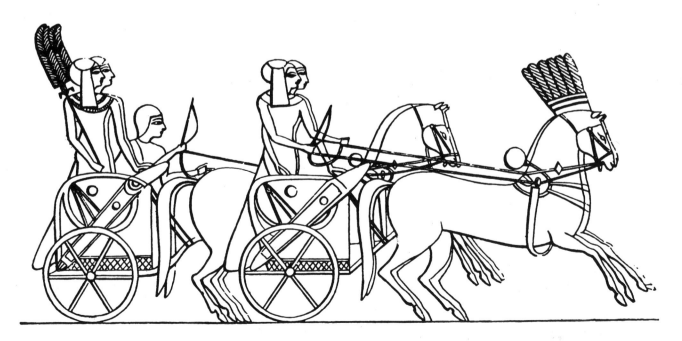

SIEBTES KAPITEL

ÄGYPTISCHE VOLKSMÄRCHEN

DER SCHIFFBRÜCHIGE SEEMANN

Diese phantasievolle Geschichte des einzigen Überlebenden eines Schiffbruchs erinnert an die Geschichte von Sindbad. Sie wurde im Original in Form eines Berichts wiedergegeben und ist uns auf einem Papyrus in St. Petersburg erhalten geblieben.

Ein umherziehender Seemann, der seinem führenden Offizier seine Abenteuer schildert, bittet diesen darum, dem Pharao vorgestellt zu werden. Sein Herr glaubt ihm die Geschichte nicht, aber der Mann besteht darauf, daß sie wahr ist.

Er erzählte, daß er sich auf dem Weg zu den Minen des Königs auf einem Fahrzeug von hundertundfünfzig Ellen Länge und vierzig Ellen Breite eingeschifft hatte, bemannt mit einhundert der besten Seeleute Ägyptens, mit Herzen stärker als die der Löwen und abgehärtet gegen Ungemach und lange Reisen. Sie lachten bei der Vorstellung eines Sturms, aber als sie sich dem Land näherten, kam ein starker Wind auf und mächtige Wellen schmetterten gegen das Gefährt.

Der Erzähler klammerte sich an ein Stück Holz – nicht einen Moment zu früh, denn das Schiff und alle, die darauf blieben, versanken. Er trieb drei Tage lang auf dem Wasser und wurde dann auf eine Insel geworfen, wo er sich in den Schatten einiger Büsche verkroch, auf denen Feigen und Trauben wuchsen. Er konnte außerdem Melonen, Beeren und Getreide finden, mit einer Schlinge fing er Fische und Vögel. Glücklich, dort eine Weile bleiben zu können, grub er ein Loch, entzündete ein Feuer und opferte den Göttern.

Ganz unvorhergesehen schreckte ihn ein fürchterlicher Lärm, ähnlich einem Donnergrollen, aus seinem Gleichmut. Zunächst hielt er es für das Geräusch eines Sturmes auf See, aber schnell stellte er fest, daß die Bäume wackelten und daß die Erde sich gewaltsam bewegte. Direkt vor ihm lag eine große Schlange von dreißig Ellen Länge, mit einem Bart, der zwei Ellen maß; ihr Rücken war mit goldenen Schuppen bedeckt und ihr Körper hatte die Farbe von Lapislazuli.

Entsetzt warf sich der Seemann vor dem Ungeheuer aufs Gesicht, welches ihn einen Moment lang mit seinen schrecklichen Augen anschaute. Dann öffnete es seine gewaltigen Kiefer und sprach zu ihm wie folgt: "Was hat Dich auf dieses Eiland gebracht, Kleiner? Sprich schnell, und solltest Du mir nicht etwas erzählen, was ich noch nicht gehört habe oder noch nicht wußte, dann wirst Du verschwinden wie eine Flamme." Ohne dem unglückseligen Matrosen auch nur die Zeit zum antworten zu lassen,

Der Nomarch (Gaufürst) Chnum-hetep fängt Fische mit einem Speer. Die Sümpfe des Nildeltas boten den Ägyptern reichlich Gelegenheit, Erfahrung im Fisch- und Vogelfang zu sammeln.

Die Geschichte der ägyptischen Seefahrt, hier durch die modernen Boote in Port Said (gegenüber) veranschaulicht, reicht bis weit in die Vergangenheit des alten Ägyptens zurück, wie die Erzählung "Der schiffbrüchige Seemann" beweist.

nahm sie ihn zwischen ihre Kiefer und trug ihn zu ihrem Lager, wo sie ihn recht sanft und unversehrt ablegte. Ein weiteres Mal fragte sie ihn, welche Macht ihn zu dem Eiland geführt habe, und der Seemann, der an allen Gliedmaßen zitterte, erwiderte, daß er auf dem Weg zu den Minen des Pharaos Schiffbruch erlitten habe.

Als sie das hörte, sagte ihm die Schlange, er solle keine Angst haben und daß Gott ihn auf eine gesegnete Insel gebracht habe, wo es an nichts fehle und die voll mit allen guten Dingen sei, daß nach Ablauf von vier Monaten ein Schiff für ihn vorbeikäme, daß er nach Ägypten zurückkehren würde und daß er in seiner Heimatstadt sterben würde.

Um ihn aufzuheitern, beschrieb ihm das wohlwollende Ungeheuer die Insel. Die Bevölkerung bestand aus fünfundsiebzig Schlangen, jung und alt, und sie lebten hier in Harmonie und Überfluß. Der Seemann seinerseits war nicht weniger freundlich, und in der Güte seines Herzens bot er an, dem Pharao von der Existenz und der Lage der Schlangeninsel zu berichten, und er versprach dem Ungeheuer, ihm persönlich geweihte Öle, Parfüme und Weihrauch, die zur Ehrung der Götter vorgesehen waren, zu bringen. Er würde ihm außerdem Esel schlachten, Vögel rupfen und ihm Schiffe voller Schätze aus Ägypten bringen.

Als Antwort lächelte die Schlange nur nachsichtig und ein wenig geringschätzig. "Erzähl mir nicht," sagte sie, "daß Du reich an Parfümen bist, da ich weiß, daß alles, was Du hast, einfacher Weihrauch ist. Ich bin ein Prinz aus dem Lande Punt und besitze so viel Parfüm, wie ich will, und laß Dir sagen, daß Du, wenn Du diesen Ort verläßt, ihn niemals wiedersehen wirst, denn er wird sich in Wellen auflösen."

Pünktlich tauchte das Schiff auf, wie es die Schlange vorhergesagt hatte, und um zu sehen, welcher Herkunft die Mannschaft war, kletterte der Seemann auf einen hohen Baum. Als es sich der Küste näherte, wünschte die Schlange ihm Lebewohl und stattete ihn mit Geschenken wie wertvollen Parfümen, Süßholz, Kassien, Khol, Weihrauch, Elfenbeinstoßzähnen, Affen, Pavianen und mit wertvollen Waren aller Art aus. Während er sich damit einschiffte, teilte ihm der Geist der Insel schließlich mit, daß er in zwei Monaten seine Frau und seine Kinder sehen würde. Der gerettete Seemann segelte dann durch Nubien den Nil herunter bis zur Residenz des Pharaos. Die Geschichte endet mit der Bitte des Erzählers, daß sein Kapitän ihn mit einer Eskorte ausstatten möge, auf daß er sich vor dem Pharao präsentieren könne, um seine Geschichte zu erzählen.

Khol war eine wichtige Kosmetiksubstanz, die weithin als Augenmakeup verwendet wurde. Es wurde, wie wir in dieser Zeichnung sehen, von asiatischen Fremden eingeführt, die Chnum-hetep II. in Bani Hasan Augenmakeup bringen.

Der kultivierte Landstreifen entlang des Nils ist an manchen Stellen extrem schmal. Die Probleme des Bauer in der folgenden Geschichte waren weit verbreitet.

DER BAUER UND DER ARBEITER

Augenscheinlich sehr populär, ist uns die folgende Geschichte in vier getrennten Papyri erhalten. Der Originaltext macht ein großes stilistisches Wesen aus dem Versuch des Bauern, in einer von ihm für raffiniert und vornehm gehaltenen Weise zu den Magistraten zu sprechen.

Im Salzland lebte einst ein *sechti* (Bauer) mit seiner Familie. Er lebte vom Handel mit Henenseten mit Salz, Natron, Binsen und den anderen Produkten seines Landes. Bei seiner Reise dorthin mußte er das Land, das zum Haus des Fefa gehörte, passieren. Nun lebte am Kanal ein Mann namens Tehuti-necht, Sohn des Asri, ein Diener des königlichen Oberverwalters Meruitensa. Tehuti-necht hatte sich den Pfad widerrechtlich angeeignet, da Straßen und Pfade in Ägypten nicht wie in anderen Ländern durch das Gesetz geschützt waren, so daß nur noch ein schmaler Streifen übrigblieb, mit dem Kanal auf der einen und dem Kornfeld auf der anderen Seite. Als Tehuti-necht den *sechti* mit seinen beladenen Eseln näherkommen sah, begehrte sein böses Herz die Tiere und die Waren, die sie trugen, und er rief die Götter an, auf daß sie ihm einen Weg offenbarten, wie er die Besitztümer des *sechti* stehlen könne.

Dies war der Plan, den er sich ausgedacht hatte. "Ich werde einen Schal holen und ihn auf dem Pfad ausbreiten," sagte er. "Wenn der *sechti* seine Esel darüberlenkt – und er hat keine andere Möglichkeit – dann werde ich leicht einen Streit mit ihm anfangen können." Er konnte seinen Plan gar nicht schnell genug umsetzen. Auf Tehut-nechts Anordnung nahm ein Diener einen Schal und legte ihn über den Pfad, so daß ein Ende im Wasser lag und das andere auf dem Korn.

Als der *sechti* näher kam, führte er seinen Esel über den Schal. Er hatte keine Alternative.

"Halt!" schrie Tehuti-necht mit gut gestellter Wut, "Du wirst sicher nicht vorhaben, Deine Tiere über meine Kleider zu führen!"

"Ich werde versuchen, es zu verhindern," antwortete der gutmütige Bauer, und er veranlaßte seine Esel weiter oberhalb zu passieren, durch das Korn.

Esel sind im ländlichen Ägypten nach wie vor ein verbreitetes Transportmittel, wie in dieser Flußuferszene zu erkennen ist.

"Führst Du denn Deine Esel durch mein Korn?" fragte Tehuti-necht, wütender denn je.

"Es gibt keinen anderen Weg," sagte der gequälte Bauer. "Du hast den Weg mit Deinem Schal blockiert, und ich muß den Pfad verlassen."

Während die beiden über die Angelegenheit debattierten, bediente sich einer der Esel am Korn, woraufhin Tehuti-nechts Beschwerden aufs Neue ausbrachen.

"Sieh her!" schrie er, "Dein Esel frißt mein Korn, ich werde mir Deinen Esel nehmen, und er soll für den Diebstahl zahlen."

"Sollte ich beraubt werden," schrie der *sechti*, "in den Ländereien des königlichen Oberverwalters Meruitensa, der Räuber so hart bestraft? Sieh, ich werde zu ihm gehen. Er wird Dein Fehlverhalten nicht dulden."

"Glaubst Du, er wird sich Deine Beschwerde anhören?" meinte Tehuti-necht höhnisch.

"Arm wie Du bist, wer wird sich um Deine Klagen kümmern? Siehe, ich bin der königliche Oberverwalter Meruitensa," sprach's und schlug den *sechti* heftig, stahl all seine Esel und führte sie auf die Weide.

Vergeblich schluchzte und flehte der *sechti* ihn an, ihm sein Eigentum zurückzugeben. Tehuti-necht befahl ihm, Ruhe zu geben, und drohte ihm an, ihn zum Dämonen der Stille zu schicken, sollte er fortfahren, sich zu beschweren. Nichtsdestotrotz beschwor ihn der *sechti* einen ganzen Tag lang.

Als er schließlich erkannte, daß er nur seinen Atem verschwendete, begab sich der Bauer nach Henen-ni-sut, um den Fall dort dem königlichen Oberverwalter Meruitensa vorzulegen. Bei seiner Ankunft fand er letzteren dabei, sein Boot zu besteigen, das ihn zum Gerichtsgebäude bringen sollte. Der *sechti* verbeugte sich bis zum Boden und teilte dem königlichen Oberverwalter mit, daß er ihm eine Beschwerde vorlegen wolle, und bat ihn, ihm einen seiner Getreuen zu schicken, auf daß der sich seine Geschichte anhören möge.

Der königliche Oberverwalter stimmte der Anfrage des Bittstellers zu und schickte ihm jemanden aus seinem Gefolge. Dem Abgesandten enthüllte der *sechti* alles, was ihm während seiner Reise zugestoßen war, die Art und Weise, in der Tehuti-necht den Pfad unpassierbar gemacht hatte, um ihn zu zwingen, durch das Korn zu gehen, wie auch die Grausamkeit, mit der er ihn geschlagen und ihm sein Eigentum gestohlen hatte. In kürzester Zeit wurde die Angelegenheit dem königlichen Oberverwalter berichtet, der den Fall den Edelleuten vorlegte, die mit ihm im Gerichtssaal waren.

"Laßt diesen *sechti* einen Zeugen bringen," sagten sie, "und wenn er den Fall bestätigt, wird es nötig sein, Tehuti-necht schlagen oder ihn vielleicht eine Kleinigkeit für das Salz und das Natron, das er gestohlen hat, zahlen zu lassen."

Der königliche Oberverwalter sagte nichts, und der *sechti* selbst kam zu ihm und begrüßte ihn als den Größten der Großen, den Vater der Waisen, den Ehemann der Witwen, den Führer der Bedürftigen und so weiter. Er war sehr redegewandt, der *sechti*, und in seiner blumigen Sprache kombinierte er geschickt Lobhudelei mit seiner Bitte um Gerechtigkeit, so daß der königliche Oberverwalter gegen seinen Willen interessiert und geschmeichelt war.

Nun saß zu dieser Zeit auf dem Thron von Ägypten der König Nebkan-ra, und zu ihm begab sich der königliche Oberverwalter Meruitensa und sagte: "Sieh mein Herr, ich bin von einem *sechti* aufgesucht worden, dessen Waren gestohlen worden sind. Er ist der Redegewandteste aller Sterblichen. Was gebietet mein Herr, daß ich mit ihm mache?"

"Beantworte seine Reden nicht," sagte der König, "aber laß seine Worte aufschreiben und bringe sie uns. Sorge dafür, daß seine Frau und seine Kinder mit Fleisch und Getränken versorgt sind, aber laß ihn nicht wissen, wer diese beschafft hat."

Der königliche Oberverwalter tat, wie der König ihm befohlen hatte. Er gab dem Bauern eine tägliche Ration Brot und Bier, und dessen Frau

Brot war im alten Ägypten ein wichtiger Marktartikel. Die Zeichnung in einem Grab aus der fünften Dynastie zeigt Bäcker bei der Arbeit.

Bauern bei der Getreideernte auf einer Stele, die nahe Hermopolis gefunden wurde. Wenn die Nilüberschwemmung nicht ausblieb, gab es in Ägypten üblicherweise einen Getreideüberschuß.

bekam ausreichend Korn, um sich und ihre Kinder zu ernähren. Aber der *sechti* wußte nicht, woher die Nahrung kam.

Ein zweites Mal suchte der Bauer den Gerichtssaal auf und brachte seine Beschwerde vor den königlichen Oberverwalter; und bald kam er ein drittes Mal, und der königliche Oberverwalter befahl, ihn mit Faßdauben zu schlagen, um zu sehen, ob er ablassen würde. Aber nein, der *sechti* kam ein viertes, ein fünftes und ein sechstes Mal, versuchte sich in wohlklingenden Reden, um die Ohren des Richters zu öffnen. Meruitensa hörte ihm einfach nicht zu, aber der *sechti* verzweifelte nicht, sondern kam noch dreimal. Beim neunten Mal schickte der königliche Oberverwalter zwei seiner Getreuen zu dem *sechti*, und der Bauer zitterte entsetzlich, denn er fürchtete, neuerdings für seine Zudringlichkeit geschlagen zu werden. Die Nachricht war jedoch ermutigend. Meruitensa erklärte, daß er in großem Maße entzückt war von der Redegewandtheit des Bauern und daß er dafür sorgen werde, ihn zufriedenzustellen. Er veranlaßte daraufhin, daß die Petition des *sechti* auf sauberes Papyrus geschrieben und dem König gesandt wurde, entsprechend den Anordnungen des Monarchen. Nebka-n-ra war ebenfalls sehr entzückt über die Reden, aber die Urteilsfindung ließ er gänzlich in den Händen des königlichen Oberverwalters.

Meruitensa entzog Tehuti-necht alle seine Ämter und seinen Besitz und gab sie dem *sechti*, der von da an mit seiner ganzen Familie im königlichen Palast wohnte. Der *sechti* wurde der Oberaufseher von Nebka-n-ra, welcher ihm eine große Zuneigung entgegenbrachte.

DIE GESCHICHTE DER ZWEI BRÜDER

Dieses Märchen, das einem Papyrus, welches sich heute im Britischen Museum befindet, entnommen ist, kombiniert die Elemente von Volksmärchen und Mythologie.

Anapu und Bitu waren zwei Brüder, die vor langer Zeit in Ägypten lebten. Anapu, dem Älteren, gehörten Haus, Rinder und Felder; Bitu, der Jüngere, arbeitete für ihn. Bitu war auf wunderbare Weise geschickt im Umgang mit Rindern und all den Dingen, die mit der Landwirtschaft zu tun hatten – er konnte sogar verstehen, was die Rinder zu ihm und zueinander sagten.

Eines Tages, als sie auf den Feldern arbeiteten, schickte Anapu Bitu nach Hause, um eine große Menge Saatgut zu holen, denn er sah, daß die

Ein Plan aus dem Tell el-Armana zeigt ein typisches Haus mit den dazugehörigen Feldern und Kornspeichern.

Ägyptische Rinder bei Dendera. Rinder spielten in der Landwirtschaft des alten Ägyptens eine wichtige Rolle, sowohl als Zugtiere als auch als Nahrungslieferanten.

Der falkenköpfige Gott Re-Hamarchis, eine Gottheit, die sowohl Aspekte des Sonnengottes Re als auch des Horus vereinte: er war auch als Horus der beiden Horizonte bekannt und repräsentierte die Sonne am Tag.

Zeit der Aussaat gekommen war. Bitu ging und nahm das Saatgut, als sich ihm die Frau seines Bruders in amouröser Absicht näherte. Wütend wies er ihre Avancen zurück und sagte nichts zu seinem Bruder, aber nach der Arbeit des Tages kehrten die beiden zurück und fanden Anapus Frau jammernd darniederliegend; sie sagte, daß sie von Bitu verprügelt worden sei, bis sie ganz wund war, weil sie ihn nicht gewähren lassen wollte, als er des Saatguts wegen kam.

Daraufhin versuchte Anapu, Bitu hinterrücks zu töten, aber Bitu wurde von den Rindern gewarnt und floh. Sein Bruder holte ihn ein, aber der Gott Re-Harmachis ließ einen breiten Strom voller Krokodile zwischen ihnen entstehen, und Bitu bat seinen Bruder, den Tagesanbruch abzuwarten, um ihm dann alles zu erklären, was geschehen war.

Als der Tag anbrach, sagte Bitu Anapu die Wahrheit und weigerte sich gleichzeitig, jemals wieder in das Haus zurückzukehren, in dem Anapus

Frau lebte. "Ich werde zum Tal der Akazien gehen," sagte er. "Und nun höre, was geschehen wird. Ich werde mein Herz mithilfe der Magie herausreißen und es auf dem obersten Ast der Akazie plazieren, und wenn die Akazie abgeschlagen wird und mein Herz zu Boden fällt, wirst Du kommen und danach sehen. Wenn Du sieben Jahre lang danach geschaut hast, sei nicht entmutigt, sondern lege es in einen Kessel mit kaltem Wasser, das mich ins Leben zurückbringen wird. Ich werde sicherlich wieder leben und vor meinen Feinden gerächt werden. Du wirst wissen, daß mir etwas von Bedeutung zustoßen wird, wenn man Dir einen Krug Bier reicht und der Schaum überläuft. Sie werden Dir dann einen Krug mit Wein geben, dessen Bodensatz nach oben steigt. Warte nicht länger, wenn diese Dinge geschehen."

Er ging in das Tal, und sein Bruder kehrte nach Hause zurück, tötete seine Frau und trauerte um Bitu. Bitu verbrachte seine Tage in dem Tal mit Jagen und schlief des Nachts unter der Akazie, in deren Krone sein Herz plaziert war. Eines Tages traf er neun Götter, die ihm die Tochter der Götter zur Frau gaben; aber die sieben Hathors schworen, daß sie durch ein Schwert umkommen würde. Er erzählte ihr von seinem Herzen und daß, wer auch immer die Akazie fand, mit ihm kämpfen müsse.

Der Apisbulle von Memphis war eine antike Gottheit, die als Inkarnation des Osiris galt, mit dem jeder Opferbulle assoziiert wurde. Apis wird stets mit der Sonnenscheibe zwischen seinen Hörnern dargestellt.

Der Verrat von Bitus Frau

Als der Pharao von dieser wunderschönen Frau hörte, begehrte er sie und schickte bewaffnete Männer in das Tal, die alle von Bitu getötet wurden. Zuletzt lockte der Pharao sie fort und machte sie zu seiner Hauptgeliebten. Sie enthüllte ihm das Geheimnis ihres Mannes und bat ihn, den Akazienbaum zu fällen, was einverständlich getan wurde, und Bitu fiel in demselben Moment tot um.

Dann stieß das, was Bitu vorausgesagt hatte, seinem Bruder zu. Überschäumendes Bier wurde ihm gebracht und danach Wein, der trüb wurde, während er die Tasse hielt. Dank dieser Zeichen wußte er, daß die Zeit gekommen war zu handeln; er nahm seine Kleider, Sandalen und Waffen und zog in das Tal. Als er dort ankam, fand er seinen Bruder tot auf seinem Bett liegend. Er lief zu der Akazie, um das Herz zu suchen, konnte aber nur eine Beere finden, und diese war das Herz. Er legte sie in kaltes Wasser, und Bitu kehrte ins Leben zurück. Sie umarmten einander, und Bitu sagte zu seinem Bruder: "Ich werde nun zu einem heiligen Bullen (Apis) werden. Führe mich daraufhin zum Pharao, der Dich mit Gold und Silber dafür belohnen wird, daß Du mich gebracht hast. Ich werde dann eine Möglichkeit finden, meine Frau dafür zu bestrafen, daß sie mich betrogen hat."

Anapu tat, wie Bitu ihm gesagt hatte, und als die Sonne sich am nächsten Tag neuerlich erhob und Bitu die Gestalt eines Bullen angenommen hatte, da führte er ihn zum Hof. Dort war man sehr erfreut über den wundervollen Bullen, und der Pharao belohnte Anapu reich und zog ihn den anderen Männern vor.

Einige Tage später drang der Bulle in den Harem ein und wandte sich an seine frühere Frau.

"Du siehst, ich bin noch am Leben, trotz allem," sagte er.

"Wer bist Du?" fragte sie.

Er sagte: "Ich bin Bitu. Du wußtest wohl, was Du tatest, als Du den Pharao die Akazie fällen ließest."

Sie fürchtete sich daraufhin sehr und bettelte den Pharao an, ihr jede Bitte, die sie stellen würde, zu gewähren. Der Pharao, der sie so sehr liebte, daß er ihr nichts abschlagen konnte, versprach es ihr. "So gib mir denn die Leber des heiligen Bullen zu essen, denn nichts anderes kann mich zufriedenstellen," sagte sie.

Der Pharao war sehr betrübt darüber, aber er hatte es geschworen, und als eines Tages die Leute dem Bullen Opfer brachten, schickte er seine Schlachter, ihm die Kehle durchzuschneiden. Als der Bulle getötet werden sollte, fielen zwei große Tropfen Blut von seinem Hals herab und flossen bis zum Eingang des Pharaonenpalastes, dort entsprangen ihnen zwei große Bäume, einer an jeder Seite des Portals.

Bei diesem zweiten Wunder jubelten die Leute erneut und opferten den beiden Bäumen.

Die Zeichnung eines ägyptischen Jägers, der mit dem erlegten Wild auf seinen Schultern und in Begleitung seiner beiden Jagdhunde heimkehrt.

Ein Opferbulle wird herbeigeführt; aus einem Basrelief in einem Tempel bei Luxor. Man brachte Apis Opfer dar, indem man sie dem Bullen darbot, bevor dieser selbst geschlachtet wurde.

Viel später setzte sich der Pharao mit seiner Krone aus Lapislazuli und mit einer Blumengirlande um den Hals in seinen Stuhl aus Elektrum und wurde hinausgetragen, um nach den beiden Bäumen zu schauen. Seine Hauptgeliebte – Bitus Frau – wurde ihm hinterhergetragen, und sie wurden niedergesetzt, ein jeder unter einen Baum.

Bitu flüsterte aus dem Baum, unter dem seine Frau saß: "Treulose Frau! Ich bin Bitu, und trotz Deiner bin ich immer noch am Leben. Du hieltst den

Der Pharao Amenhotep III. (gegenüber) auf seinem Thron mit einer blauen Krone aus Lapislazuli. Aus einem modernen Faksimile eines ägyptischen Gemäldes.

Ein Akazienbusch, wie er in Ägypten weit verbreitet ist. Die letzte Inkarnation Bitus in "Die Geschichte der zwei Brüder" war eine Akazie.

Pharao an, die Akazie zu fällen und tötetest mich. Dann nahm ich die Gestalt eines Bullen an, und Du ließest mich schlachten."

Als sie danach mit dem Pharao zu Tisch saß, ließ sie ihn einen neuen Eid darauf leisten, daß er alles tun werde, worum sie ihn bat, und der Pharao schwor aufs Neue. Dann sagte sie: "Laß die beiden Bäume fällen und mach daraus zwei schöne Balken."

Was sie forderte, wurde getan, aber als die Bäume gefällt wurden, flog ihr ein Splitter in den Mund. Bald brachte sie einen Jungen zur Welt, den der Pharao sehr liebte und zum Prinzen des Oberen Nils machte, und als der Pharao starb, erhielt Bitu, da er das Kind war, die Nachfolge. Nun rief er alle hohen Beamten zusammen, ließ seine Frau vor ihn bringen und berichtete allen, was geschehen war. So wurde sie zum Tode verurteilt.

Bitu lebte und regierte zwanzig Jahre lang, und danach regierte sein Bruder Anapu, den er zu seinem Nachfolger gemacht hatte, an seiner Stelle.

DIE GESCHICHTE VON RHAMPSINITES

Die Pharaonen Ägyptens besaßen große Reichtümer, einschließlich vieler Objekte aus Gold, das in großen Mengen aus den Minen am Roten Meer gewonnen wurde. Hier wird ein Teil des Schatzes eines Pharaos im Museum von Kairo ausgestellt.

Menschen, die ihren Kopf mit Staub bedecken, als Zeichen ihrer Trauer um den Tod eines Pharaos.

Diese sowohl in der östlichen als auch in der westlichen Mythologie bekannte Geschichte wurde in ihrer ägyptisierten Form durch Herodot bewahrt. Es scheint unmöglich, ihre Ursprünge nachzuweisen.

König Rhampsinites besaß so viele Reichtümer, daß keiner seiner Nachfolger jemals mehr oder auch nur annähernd so viel hatte. Um ihre Sicherheit zu gewährleisten, ließ er ein hübsches uneinnehmbares Steinhaus bauen, worin er all seinen Wohlstand aufbewahrte. Mittels eines schlauen Tricks gelang es dem Architekten, einen Zugang zu dem Schatz sicherzustellen. Er fertigte einen der Steine aus zwei Teilen, so daß ein Teil herausgenommen werden konnte; aber die beiden Teile waren so geschickt zusammengesetzt, daß sie eine perfekte Oberfläche bildeten, wie die eines einzigen Steines. Bevor er starb, weihte er seine Söhne in das Geheimnis des Schatzhauses ein, und nach seinem Tod zögerten sie nicht, ihr Wissen in die Praxis umzusetzen. Sie gingen des Nachts hin, fanden den Stein ohne Schwierigkeiten, zogen ihn heraus, stahlen eine große Summe Geld und brachten die beiden Teile des Steines wieder in ihre Position.

Als der König entdeckte, daß da Diebe am Werk waren, ließ er Fallen rund um das Schatzhaus aufstellen. Eines Nachts kamen die Brüder wie üblich, und einer von ihnen wurde in einer Falle gefangen. Als er die Gefahr erkannte, rief er seinen Bruder und sagte zu ihm: "Wir werden beide umkommen, und der Schatz wird verloren sein, solange Du nicht meinen Kopf abschneidest und ihn wegbringst, so daß niemand uns als die Diebe ausmachen kann." Der Bruder tat, wie ihm geraten: Er brachte den Stein zurück in seine Position, schnitt seines Bruders Kopf ab und trug ihn nach Hause.

Als der König den kopflosen Körper fand, war er sehr verwirrt, denn er fand keine Spuren des Betretens oder Verlassens des Schatzhauses, und er dachte sich den folgenden Ausweg aus: Er ließ den toten Körper an der Stadtmauer ausstellen und plazierte eine Wache nahebei mit den Anweisungen, Ausschau zu halten und zu berichten, wer beim Anblick des Körpers irgendein Anzeichen von Trauer äußerte. Diese Handlung widersprach den Praktiken der Ägypter, die üblicherweise zu viel Respekt vor den Toten hatten, um sich an ihnen zu ergötzen. Selbst im Falle eines hingerichteten Kriminellen wurden die Überreste den Angehörigen übergeben, auf daß er einbalsamiert wurde. Nichtsdestotrotz hielt Rhampsinites diese Maßnahme für gerechtfertigt.

Der Körper wurde ausgestellt, und die Mutter, obwohl sie sich nicht durch irgendein Zeichen der Trauer verriet, beschwor ihren anderen Sohn, ihr den Körper zu bringen; andernfalls drohte sie, sein Geheimnis dem König zu verraten. Da er nicht ungehorsam sein wollte, ließ sich der Sohn eine List einfallen. Er sattelte einige Esel und belud sie mit Ziegenhäuten voller Wein – Häute wurden in Ägypten meist nur für Wasser benutzt, Wein wurde in kurzen engen Vasen bewahrt; er führte die Esel an der Wache vorbei, und beim Passieren löste er heimlich eine oder zwei der Häute, und als der Wein herunterlief und auf den Boden rann, fing er an, sich gegen den Kopf zu schlagen und ein großes Geschrei zu veranstalten.

Die Wachen rannten nach Behältern, um die wertvolle Flüssigkeit zu retten, und über der Katastrophe wurden sie recht freundlich dem Dieb gegenüber und gaben ihm Fleisch, wofür er im Gegenzug eine seiner Häute voll Wein anbot. Dann setzten sie sich allesamt nieder, um gemeinsam zu trinken, und als sie dank des Weines fröhlich wurden, bot er ihnen den Rest an, den sie nahmen und tranken, bis sie recht beschwipst waren.

Unnötig zu sagen, daß der Dieb sich vorgesehen hatte, einigermaßen klaren Kopfes zu bleiben. Nachdem die Wachen in einen betrunkenen Schlaf gefallen waren, wartete er, bis die Nacht hereinbrach, schnitt dann seines Bruders Körper los und trug ihn auf den Eseln nach Hause zu seiner

Mutter. Bevor er die Wachen verließ, schor er ihnen auf einer Seite des Gesichts alle Haare ab.

Als der König von dem Trick erfuhr, war er außer sich und entschlossen, mit fairen oder faulen Mitteln den Täter zu entlarven; also ersann er den folgenden Plan. Er befahl der Prinzessin, seiner Tochter, jeden Mann im Lande zu empfangen, egal wer er war, und ihm zu garantieren, was immer er von ihr verlange, aber zunächst müsse er ihr erzählen, was die schlaueste und hinterhältigste Tat gewesen sei, die er je begangen hatte. Wenn der Dieb ihr seinen Trick verriet, sollte sie ihn fesseln, ehe er entfliehen konnte.

Die Prinzessin war bereit, ihres Vaters Bitte zu erfüllen, aber der Dieb, der wohl wußte, was der König im Schilde führte, schaffte es ein drittes Mal, ihm zu entwischen. Er schnitt den Arm eines soeben gestorbenen Mannes ab, versteckte ihn unter seinem Mantel und erhielt Zugang zu der Prinzessin. Als sie ihm die Frage stellte, die sie allen stellte, erzählte er ihr zunächst, daß er seines Bruders Kopf in einer Falle abgeschnitten habe, und fuhr dann fort, ihr zu erzählen, wie er die Wachen betrunken gemacht und den Körper seinen Bruders losgeschnitten habe.

Sie schrie unvermittelt los und versuchte, ihn festzuhalten, aber er bot ihr die Hand des toten Mannes, die sie fest ergriff, in dem Glauben, daß es die des Diebes sei, und er entfloh in der Dunkelheit des Raumes.

Der König erkannte sich nun selbst als geschlagen an und bot freies Pardon und reiche Belohnung für den Mann, der ihn so kühn überlistet hatte. Im Vertrauen auf diese Worte, stellte sich der Dieb dem König und erhielt nicht nur, was der König versprochen hatte, sondern auch die Hand der Prinzessin, denn er hielt den Dieb für den schlauesten aller Männer, da er die Ägypter an der Nase herumgeführt hatte, die sich doch selbst ihrer Schlauheit rühmten.

Ein Relief aus Karnak zeigt vier Weinschläuche. Obwohl Bier das verbreitetste alkoholische Getränk im alten Ägypten war, wurde Wein doch von der Oberschicht in großen Mengen konsumiert.

INDEX

BILDNACHWEISE

James Putnam: 18, 72, 74-5, 89, 96, 100, 120, 123 (oben), 138.

Spectrum Colour Library: 1, 2, 4, 6, 8, 9 (oben), 10, 11 (oben), 12, 14, 15 (unten), 20 (oben), 21, 25 (links), 27 (unten), 30, 32 (unten), 33 (oben), 34, 36, 37, 39 (oben), 42, 43, 44, 47 (oben), 49 (unten), 51 (unten), 52 (oben), 54, 55, 59 (oben), 61, 63, 64, 68, 69, 70 (unten), 71, 76, 78, 79 (links), 81 (oben), 83 (unten links), 84, 86, 87, 90, 91, 92, 93, 94, 102, 103, 104, 105, 106, 109 (oben), 110, 111 (oben und unten), 113 (oben), 114 (oben), 117, 118, 126, 128, 131, 132, 133 (unten), 135 (links), 137 (unten), 139, 140 (oben), 141.

Weitere Abbildungen sind den folgenden Bänden entnommen:

The Ancient Egyptians – Their Life and Customs, Sir J. Gardner Wikinson
Panthéon Egyptien, M. J. Champollion
The Gods of the Egyptians und *Osiris and the Egyptian Resurrection*, E. A. Wallis Budge

Der Verlag hat sich bemüht, die Inhaber der Urheberrechte des wiedergegebenen Materials ausfindig zu machen und sie entsprechend zu erwähnen, er bedauert alle möglichen Fehler oder Auslassungen.